Autogenes Training und Psychokybernetik

D. Harald Alke

Erfolg und Lebensfreude durch
Autogenes Training und Psychokybernetik

Mit Checklisten und Audiokassette

In gleicher Ausstattung und von demselben Autor ist im FALKEN Verlag erschienen:
Gesunder Schlaf (Nr. 1036)

ISBN 3 8068 1035 4

© 1989/1992 by Falken-Verlag GmbH, 6272 Niedernhausen/Ts.
Titelbild: D. Harald Alke (überarbeitet von Peter Röseler, Emsdetten)
Zeichnungen: Gerhard Scholz, Dornburg 1
Die Ratschläge in diesem Buch sind vom Autor und vom Verlag sorgfältig erwogen und geprüft, dennoch kann eine Garantie nicht übernommen werden. Eine Haftung des Autors bzw. des Verlags und seiner Beauftragten für Personen-, Sach- und Vermögensschäden ist ausgeschlossen.
Satz: Typo Schröder, Dernbach/Dierdorf
Druck: Neuwieder Verlagsgesellschaft mbH, Neuwied

817 2635 44

Inhalt

Vorwort

Autogenes Training und Psychokybernetik sind seit mehr als 50 Jahren bekannt. Trotz ihres offensichtlichen Nutzens sind diese Methoden aber immer noch nicht allgemein verbreitet. Das autogene Training wurde 1932 zum ersten Male der Öffentlichkeit vorgestellt. Dr. J. H. Schultz, ein Berliner Arzt und Forscher, bezeichnete seine neue Methode als „konzentrative Selbstentspannung" und faßte damit den wesentlichen Inhalt des autogenen Trainings kurz und klar zusammen. Beim autogenen Training konzentrieren wir uns auf bestimmte Gedankenbefehle und bewirken durch diese gedanklichen Aufträge eine wohltuende Entspannung. J. H. Schultz hatte das autogene Training auf Grund seiner Kenntnisse der europäischen Hypnosetechnik in Verbindung mit Erkenntnissen aus dem indischen Yoga und der japanischen Zen-Meditation entwickelt. Er erzielte damit hervorragende Ergebnisse sowohl bei kranken Patienten, die einer Selbstbesinnung und Ruhigstellung bedurften, als auch bei interessierten Studenten, Lehrern und Fachkräften aller Sparten, die das autogene Training erlernten, um ihre Leistungen zu steigern. Nach vielfältigen Versuchen mit Freiwilligen stellte J. H. Schultz das autogene Training der Öffentlichkeit vor, um es als Methode der Leistungssteigerung einzusetzen.

Weltweit sind seitdem über 2000 Bücher und Schriften zum autogenen Training erschienen. Vor allem in Deutschland, den USA und Frankreich ist die Methode bekannt geworden. Autogenes Training wird heute nahezu überall eingesetzt, um Fachkräfte und Spezialisten zu schulen. Viele Offiziere, Flugpersonal, U-Boot-Besatzungen, Politiker und Manager wenden diese Methode an, um ihre Leistungsfähigkeit zu steigern. Autogenes Training hilft diesen stark beanspruchten Personen, den Streß zu reduzieren. Auch wer als Sportler „am Ball bleiben will", kommt ohne autogenes Training oder ein ähnlich suggestives Verfahren nicht mehr aus, denn alle Sportler der Weltelite wenden inzwischen die Methoden an. Nutzen jetzt auch Sie diese einfach zu erlernende Methode! Wenn Sie sich am Anfang gewissenhaft an die Reihenfolge der einzelnen Schritte halten und nicht zu schnell vorgehen, ist Ihnen der Erfolg sicher! Wenn Sie regelmäßig autogenes Training und – darauf aufbauend – Psychokybernetik praktizieren, ist eine ausgeglichene, harmonische und kreative Lebensauffassung normal. Ihre Gesundheit wird sich dauerhaft stabilisieren, und Sie werden in die Lage versetzt, Krankheiten zu verhindern oder schneller zu überwinden als je zuvor. Vielleicht haben Sie auch schon von den Suggestionstechniken in amerikanischen Kliniken gehört. Seit 1987 erscheinen immer wieder solche Berichte in der Presse. Man hat herausgefunden, daß die Suggestionsmethode der Psychokybernetik in der Lage ist, unser Immunsystem zu mobilisieren! Durch autogenes Training und Psychokybernetik können wir in unserem Körper Krankheitserreger direkt bekämpfen! Auch in meinem Institut haben wir schon bei einer Vielzahl von Klienten gerade problematische Krankheitsfälle durch diese wunderbare Methode kuriert oder einer Heilung zugänglich gemacht.

Dr. J. H. Schultz sprach noch von der Oberstufe des autogenen Trainings. Einige seiner Zeitgenossen prägten dann später den Begriff der Psychokybernetik, mit dem ich auch arbeite. Damit ist gemeint, daß wir durch entsprechende Gedankenkonzentration auf unsere Seele (Psyche) Einfluß nehmen können. Wir können so also die Funktionen unseres Unterbewußtseins steuern und regulieren (Kybernetik ist die Lehre von diesen Steuerungsprozessen).

Sobald Sie den Grundkurs des autogenen Trainings sicher beherrschen, werden Sie immer besser die verschiedenen Beweggründe Ihres eigenen Lebens kennenlernen. Sie lernen die Programme erkennen und verstehen, die Ihre eigene Lebensauffassung begründen. Jeder Mensch hat solche Grundsätze. Wenn Sie in Ihrem bisherigen Leben unerwünschte Verhaltensweisen oder Charaktereigenschaften entdeckt haben, dann haben Sie mit Hilfe der Psychokybernetik jetzt die Möglichkeit, diese unerwünschten Programme zu verändern. Mit der Psychokybernetik bekommen Sie ein Instrument in die Hand gelegt, das Ihnen erlaubt, Ihr Leben neu zu planen und in jeder gewünschten Weise zu verändern und weiterzuentwickeln. Mit dem autogenen Training und der Psychokybernetik planen und erreichen Sie Erfolg, Gesundheit, Lebensfreude und ein langes, erfülltes Leben!

Dazu wünsche ich Ihnen viel Erfolg!

D. Harald Alke

Vom Umgang mit diesem Buch und der Suggestionskassette

Mit diesem Buch und der Trainingskassette sind Sie auf dem richtigen Weg, um zu lernen, wie man richtig lernt! Seit der Einführung der Schulpflicht im letzten Jahrhundert hat es viele Überlegungen gegeben, wie die Pädagogen den Lehrstoff aufbereiten und den Schülern vermitteln sollen. Es ist jedoch gänzlich neu, daß sich Fachleute ernsthaft Gedanken darüber machen, wie sich die Schüler verhalten sollen, um den Stoff optimal aufzunehmen! Bereits die ersten Untersuchungen von J. H. Schultz in den dreißiger Jahren hatten gezeigt, daß der beim autogenen Training erreichte Entspannungszustand das Lernen sehr begünstigt. Doch bis heute wird an kaum einer Schule autogenes Training unterrichtet! Und falls doch, gehört es zum freiwilligen Zusatzunterricht und fällt somit in die Freizeit.

1975 erschien das Buch „PSI – Die Geheimwaffe des Ostblocks" von Oestrander und Schröder. In diesem Buch wurde erstmalig darüber berichtet, daß es schon seit den fünfziger Jahren im Ostblock die sogenannte Lozanov-Methode gibt. Lozanov hatte – ähnlich wie seinerzeit Schultz – Yoga und Hypnose studiert und daraus eine neue Schulungsmethode entwickelt. Heute ist die Suggestopädie von Lozanov im Westen als Superlearning bekannt.

Die Vier-Takt-Atemtechnik

Lozanovs Methode ist aber keineswegs neu. Ihr liegt eine alte Atemtechnik des Yoga zugrunde, der Vier-Takt-Atem bzw. – für Fortgeschrittene – der Acht-Takt-Atem. Bei Lozanov wird nur der Vier-Takt-Atem verwendet. Wenn Sie diese Atemübung ebenfalls verwenden möchten, dann praktizieren Sie den Vier-Takt-Atem bitte vor dem autogenen Training! Bitte vermischen Sie die Methoden nicht! Mit Hilfe des Vier-Takt-Atems können Sie sich ruhiger stellen. Gleichzeitig wird Ihr Gehirn aufnahmefähiger für neue Informationen. Die Losanov-Methode existiert inzwischen rund dreißig Jahre. Die zugrunde liegende Yoga-Technik gibt es schon seit Tausenden von Jahren. Der Vier-Takt-Atem entfernt Sie bereits etwas aus dem Alltagsgeschehen. Auf diese Weise können Sie beim autogenen Training noch müheloser erfolgreich sein!

Um diese Atemtechnik zu üben, legen oder setzen Sie sich in einer beliebigen Position bequem hin, schließen die Augen und atmen dann in ruhigen, gleichmäßigen Atemzügen. Zuerst gleichmäßig einatmen, dann die Luft anhalten und dabei bis vier zählen. Danach wieder gleichmäßig ausatmen und wenn die Lunge leer ist, die Lunge leer lassen und dabei wiederum bis vier zählen. Sie brauchen also nichts weiter zu tun, als jeweils eingeatmet und ausgeatmet für jeweils vier Takte den Atemstrom zu stoppen.

Wenn Ihnen diese Übung leichtfällt, können Sie die Luft jeweils für acht Takte anhalten. Die langjährigen Untersuchungen von Losanov haben ergeben, daß unser Gehirn in den Momenten, in denen wir den Atem stoppen, besonders aufnahmefähig ist. Worte, die in dieser „Stop-Phase" zu uns gesagt werden, prägen sich besonders gut ein, und wir können uns besonders gut an sie erinnern!

Bitte merken Sie sich diese Technik gut. Sie hat nichts mit dem eigentlichen autogenen Training zu tun, sondern dient als wertvolle Ergänzung. Auch ohne diese Atemtechnik werden Sie bald sehr gute Erfolge haben. Wenn Sie jedoch die später beschriebene Affirmationstechnik anwenden, werden Ihre Affirmationen noch wirksamer sein, wenn Sie diese Atemtechnik damit verbinden.

Auch die indischen Yogis verwendeten diese Methode, um aufnahmefähiger zu werden. In Indien war es bis vor etwa 1000 Jahren üblich, alle heiligen Texte, Gedichte und Geschichten mündlich zu überliefern! Ein indischer Geisteswissenschaftler also Brahmane konnte im günstigsten Falle zum Ende seiner Ausbildung nach etwa 30 Jahren Studium das Mahabharata auswendig, ein Werk mit 18 Büchern und

über 300 000 Versen! Diese Supergedächtnisleistung wird durch derartige Trainingsmethoden und durch eine bestimmte Rhythmuslehre möglich. Das Geheimnis dieser Rhythmuslehre wurde erst 1984 von Professor Dr. Peter Raster (Köln) mit Hilfe modernster Computeranlagen analysiert und bewiesen (Mitteilungsblätter der Deutschen MERU-Gesellschaft 9/84). Der beschriebene Atemrhythmus erzeugt in unserem Gehirn einen ganz bestimmten Rhythmus der Hirnfrequenzen. Und darauf kommt es beim optimalen Lernen an!

Autogenes Training im Tagesablauf

Es gilt jedoch noch weitere biologische Rhythmen zu beachten, wenn Sie gute Erfolge mit dem autogenen Training erzielen wollen. Wenn Sie aufmerksam die Bibel studieren oder andere alte Schriften, werden Sie entdecken, daß dem Vierzig-Tage-Rhythmus eine besondere Bedeutung zukommt. Zum Beispiel war Jesus vierzig Tage in der Wüste und Gilgamesch vierzig Tage auf seiner Wanderschaft. Früher wurden neue Gebete in den Tempeln vierzig Tage lang eingeübt, und zwar tagsüber alle vier oder alle sechs Stunden, das heißt, viermal täglich.

Interessanterweise haben neuere Forschungen ergeben, daß sich neue Lehrstoffe dann besonders gut einprägen, wenn wir vierzig Tage lang an einem Thema arbeiten. J. H. Schultz spricht zwar in seinen Schriften nicht darüber, doch sein autogenes Training geht im Grundprogramm ebenfalls über sechs Wochen, also 42 Tage. Es sind sechs Grundübungen und jede wird eine Woche lang geübt. Dann nimmt man jeweils die nächste Übung hinzu. Es ist sehr günstig, wenn Sie in den ersten sechs Wochen täglich dreimal, und zwar möglichst immer zur gleichen Zeit üben. Kreislauf und Stoffwechsel unterliegen ebenfalls einem biologischen Rhythmus. Zum Beispiel ist morgens zwischen 7.00 und 9.00 Uhr der Magen am aktivsten. Wenn Sie nun regelmäßig nach dem Aufstehen am Morgen um 7.00 Uhr autogenes Training machen, verbinden sich diese Erfahrungen mit der Magenfunktion. Das wird zur Folge haben, daß neben der normalen Entspannung Ihr Magen besonders entspannt wird. Sie verdauen Ihr Frühstück besser und beginnen den Tag mit einem viel besseren Gefühl, als wenn Sie nur schnell und unruhig essen, um dann gleich überhastet zur Arbeit zu eilen! Essen Sie bitte am Morgen erst nach dem autogenen Training, und lassen Sie sich ausreichend Zeit für das Frühstück! Mittags machen Sie es genauso. Erst kommen Ihre Übungen, danach in Ruhe das Mittagessen. Sie werden feststellen, daß Ihnen plötzlich das Essen besser bekommt, daß Sie weniger essen und Ihr Essen trotzdem mehr genießen! So beginnen sich schon von Anfang an kleine Erfolge bemerkbar zu machen!

Am Abend können Sie das autogene Training gleich nach der Arbeit machen, um den Berufsstreß abzustreifen. Dann haben Sie mehr von Ihrem Feierabend. Ober Sie verlegen es auf die letzten Minuten vor dem Einschlafen. Wenn Sie mit dem autogenen Training einschlafen, werden Sie bald viel ruhiger schlafen, bessere Träume haben und am Morgen frisch und ausgeruht erwachen. Auch bei Schlafstörungen ist autogenes Training eine sehr wirkungsvolle Hilfe. Hier noch einmal die wichtigsten Punkte im Überblick:

1. Beginnen Sie von nun an jeden Tag gleich nach dem Erwachen, oder nachdem Sie sich frisch gemacht haben, mit autogenem Training.

2. Mittags üben Sie vor dem Mittagessen.

3. Am Abend üben Sie gleich nach der Arbeit oder vor dem Einschlafen.

4. Vor jeder Übung können Sie sich durch den Vier-Takt-Atem ruhigstellen. Das verbessert die Aufnahmefähigkeit.

5. Während des autogenen Trainings lassen Sie jedoch den Atem ruhig fließen und machen keine besondere Atemübung.

6. Für die ersten sechs Wochen halten Sie sich genau an die Anweisungen hier im Buch und üben so auf vielfach erprobte Weise das autogene Training.

7. Nach diesen sechs Wochen bzw. 42 Tagen können Sie dazu übergehen, jederzeit und bei jeder sich bietenden Gelegenheit autogenes Training zu praktizieren, bis es ein fester Bestandteil Ihres Alltags ist.

8. Verbinden Sie Ihren Alltag und das Training mit positiven Formulierungen. (Die Praxis der Affirmation wird später noch genauer erklärt.) Prägen Sie sich solche positiven Formeln ganz intensiv ein.

Der Einsatz der Suggestionskassette

Ganz bewußt habe ich bisher noch nicht von der Kassette gesprochen. Sicher ist die Benutzung der Kassette sehr interessant, und Sie brennen vielleicht darauf, damit zu arbeiten. In vielen Jahren Praxis und Forschung in meinem Institut konnte ich jedoch folgendes feststellen:

Die besten Ergebnisse erzielen Sie, wenn Sie zuerst sechs Wochen das Grundprogramm des autogenen Trainings ohne Kassette üben. So gewöhnt sich Ihr Körper daran, von Ihnen formulierte klare Aufträge zu bekommen! Diese Befehle oder Aufträge kommen von Ihnen selbst! Das ist sehr nützlich. Auf diese Weise schaffen Sie in Ihrem Unterbewußtsein eine Basis aus Ihren eigenen Worten und Gedanken.

Nach wenigen Wochen kennt Ihr Körper dann die Praxis, und Ihr Unterbewußtsein akzeptiert die Befehle. Sie spüren deutlich, wie gut das autogene Training aus eigener Kraft wirkt. Nun nehmen Sie die Suggestionskassette hinzu. Wichtig ist aber, daß Sie weiterhin mindestens einmal täglich ohne Kassette (etwa mittags im Büro) üben. Jeden Morgen vertiefen Sie jetzt mit der Seite 1 der Kassette das autogene Training. Am Abend lernen Sie dann, Ihre geheimen, unterbewußten Fähigkeiten zu nutzen und zu trainieren, denn die Seite 2 ist praktische Psychokybernetik. Jetzt öffnen sich die Tore Ihres Unterbewußtseins, und Sie gewinnen ganz neue Erkenntnisse (Näheres dazu im Kapitel Psychokybernetik).

Wenn Sie vorher schon aus eigener Kraft gute Ergebnisse hatten, dann kann es sein, daß Sie nun ein kleines- oder sogar großes – Wunder erleben! Für jemanden, der diese Methoden bisher noch nicht kannte, tut sich oft eine neue Welt auf! Jetzt haben Sie die Möglichkeit, Ihrem Unterbewußtsein Aufträge zu erteilen. Sie können alte Fragen und Probleme aufarbeiten, finden die Antworten zu Fragen, die Sie vielleicht schon lange bewegen, und überall in Ihrem Leben werden sich wundervolle neue Dinge ereignen. Die Psychokybernetik kann der direkte Weg zum Erfolg sein.

So schwer es Ihnen auch fallen mag: Legen Sie die Suggestionskassette zunächst einmal beiseite und erlernen Sie das autogene Training allein mit Hilfe des Buches. (Ausnahmen siehe Seite 13 unter „Autogenes Training und Gesundheitsprobleme".) Erst wenn Sie den vollständigen Grundkurs von sechs Wochen absolviert haben, ist der richtige Zeitpunkt gekommen, Ihren Lernerfolg mit Hilfe der Seite 1 zu vertiefen und die Psychokybernetik mit Hilfe der Seite 2 kennenzulernen.

Autogenes Training und Gesundheitsprobleme

Es gibt Stimmen, die aus gesundheitlichen Gründen vor dem autogenen Training warnen. Dazu möchte ich aus eigener Erfahrung sagen, daß ich in nun mehr als zehn Jahren Praxis und Seminartätigkeit keinen einzigen Fall von ernsthaften Komplikationen erlebt habe. Wenn Sie an einer schweren chronischen Krankheit wie Epilepsie, einer Geisteskrankheit, schwerem Asthma oder starkem Bluthochdruck leiden, sollten Sie vor Beginn des Trainings mit Ihrem Arzt sprechen. Bei schweren Erkrankungen kann es zunächst zu Verschlimmerungen kommen. Autogenes Training kann zwar in den geschilderten Fällen helfen, doch es können zum Beispiel bei Asthma aus der ungewohnten Ruhigstellung heraus am Anfang Atembeschwerden auftreten. Wenn Sie an einer solchen Krankheit leiden, dann wäre es ein Grund, um direkt mit dem „Quell des Lebens" (Seite 2 der Suggestionskassette) zu beginnen. Nach unseren Beobachtungen in der Praxis tut es Menschen mit derartigen Problemen gut, wenn sie sich einfach bequem in einen Sessel setzen, die Augen schließen und sich von der Kassette leiten lassen. Die Kassette wird Ihnen helfen, die gröbsten Gesundheitsprobleme zu überwinden. Später können Sie dann aus eigener Kraft den ersten Teil des normalen Trainings nachholen. Kurz zusammengefaßt bedeutet das:

Menschen mit schweren Gesundheitsproblemen beginnen mit der Seite 2 der Kassette und üben erst später allein! Auch bei gesunden Menschen treten körperliche Reaktionen, sogenannte Entladungen auf. Damit meinen die Wissenschaftler und Psychologen das Freiwerden blockierter psychischer Energie. Wenn ein Mensch eine Aufgabe lösen will oder eine Arbeit erledigen muß, stellt sich sein Körper darauf ein. Die für die Tätigkeit notwendige Energie wird bereitgestellt. Auch wenn ein Mensch Angst hat, mobilisiert sein Körper Energie, entweder für die Verteidigung oder zum Weglaufen. Handelt es sich aber um eine psychische Bedrohung, die aus einer problematischen Familiensituation oder aus einer Angst vor dem Vorgesetzten herrührt, kann die mobilisierte Energie nicht eingesetzt werden. Was bleibt, ist eine ständige innere Unruhe, Nervenzittern, Unsicherheit – mit anderen Worten: Streß. Das ist ein klassischer Fall für den Einsatz des autogenen Trainings. Ein Mensch in der geschilderten Angstsituation hat vielleicht schon mit seiner Angst zu leben gelernt. Er verdrängt sein Problem. Wenn er nun mit dem autogenen Training beginnt, kann es am Anfang zu Muskelzittern, nervös flatternden Augenlidern und anderen Entladungen kommen. Die Anspannung vergangener Zeiten verläßt ihn, die blockierte Energie wird freigesetzt. Endlich kann er loslassen und findet im autogenen Training die so notwendige Erholung! Diese Entladungen sind also deutliche Zeichen vorangegangener Anspannungen, die nun im Laufe des Trainings aufgelöst werden.

Wenn Sie zu Beginn des Trainings nicht gleich oder nicht immer die gewünschte Wirkung verspüren, lassen Sie sich dadurch nicht beirren! Medizinische Untersuchungen haben ergeben, daß die entspannende Wirkung des autogenen Trainings sogar dann eintritt, wenn ein Teilnehmer behauptet, er würde gar nichts spüren. Auch unsere Untersuchungen im Kyborg-Institut beweisen die Wirkung bei jedem Übenden. Ganz gleich wie deutlich die Seminarteilnehmer subjektiv die Wirkung verspüren, bei jedem Teilnehmer sinken die Hautwiderstandswerte. Das bedeutet objektiv meßbar eine Reduzierung von Streß. Diese Forschungsergebnisse bestätigen auch die alten Untersuchungen von Dr. J. H. Schultz. Ihr Körper reagiert sehr wohl auf die Gedankenbefehle, die Sie ihm geben! Es kann aber sein, daß die Rückmeldung nicht gleichermaßen gut funktioniert. Das ist der Grund, warum nicht alle Menschen direkt die wohltuenden Wirkungen des autogenen Trainings verspüren. Sie müssen sich erst allmählich daran gewöhnen!

Selbstdisziplin und der Gebrauch der Checklisten

Wenn Sie Erfolg haben wollen, üben Sie regelmäßig, konsequent und beharrlich, bis alle Wirkungen wie gewünscht eintreten! Sie können davon ausgehen, daß jeder Mensch nach sechs Wochen regelmäßiger Übung das ganze Grundprogramm des autogenen Trainings beherrscht. Die dabei erforderliche Disziplin wird sich bald in Ihrem alltäglichen Leben bemerkbar machen! Auch Ihr übriger Lebensablauf wird geregelter, straffer, und alles, was Sie anpacken, gelingt Ihnen! Selbstdisziplin und konsequentes Handeln sind die Grundlagen des Erfolges beim autogenen Training! Methode und Training, Technik und Konsequenz greifen bald nahtlos ineinander zu einem harmonischen Lebensablauf mit viel mehr Sicherheit und Selbstvertrauen!

Das autogene Training verwendet keine weiteren Hilfsmittel. Es ist gerade das Ziel dieses Trainings, daß Sie es jederzeit und überall anwenden können, ohne auf Hilfsmittel angewiesen zu sein. Oft kommt es vor, daß die Übenden nach kurzer Zeit weniger Schlaf brauchen. Wundern Sie sich also nicht, wenn Sie plötzlich trotz der täglichen Übungen mehr Zeit zur Verfügung haben! Bald werden Sie bemerken, daß Sie Ihre Pflichten zu Hause und im Beruf wesentlich leichter und erfolgreicher bewältigen als früher. Das führt dazu, daß sich Menschen, die regelmäßig autogenes Training praktizieren, schon bald in der Lage sehen, sich beruflich zu verbessern.

Um Ihnen die eigene Kontrolle zu erleichtern und damit es Ihnen leichter fällt, konsequent zu bleiben, haben wir in das Übungsprogramm die Checklisten eingefügt. Nutzen Sie diese Möglichkeit! Arbeiten Sie täglich mit den jeweils aktuellen Listen! Bescheinigen Sie sich selbst durch die Eintragungen, daß Sie gewissenhaft Ihr Übungsprogramm vollzogen haben. Es ist jedesmal ein kleines Zeugnis Ihres Erfolges, das Sie sich ausstellen! Es besagt:

Ich habe meine Übung gemacht!
Ich bin erfolgreich!
Ich handle selbstbewußt!

Ob Sie derartige Listen später weiterführen und sie auch im übrigen Leben anwenden, bleibt Ihnen selbst überlassen. Tagebuch zu führen über wichtige Übungsprogramme ist immer ein wertvolles Hilfsmittel der Persönlichkeitsentwicklung. Wenn Sie nach einiger Zeit wieder in Ihre Bücher schauen, werden Sie feststellen, wie lange Sie schon intensiv an sich selbst arbeiten und wie sehr Sie sich seit dem letzten Rückblick verändert haben. Und damit wird die persönliche Buchführung zur Kontrolle für Ihre Persönlichkeitsentwicklung! Sollten Sie einmal wegen des Trainings Schwierigkeiten mit einem Mitmenschen bekommen, zum Beispiel auf Unverständnis im Büro stoßen, machen Sie sich klar:

Ich tue es für mich!

Jeder muß mit seinem Leben selbst fertig werden! Die anderen lösen nicht Ihre Probleme und nehmen Ihnen nicht Ihre Pflichten ab. Sie müssen Ihre Aufgaben alleine bewältigen. Also ist es Ihr gutes Recht, dafür zu sorgen, daß Sie diese Pflichten so leicht und gut wie möglich bewältigen. Und denken Sie daran:

Der Erfolg gibt mir recht!

Sagen Sie Kritikern in Ihrer Familie oder im Betrieb: „Okay, ich brauche jetzt zwanzig Minuten für meine Übungen. Ihr seht ja selbst, daß ich auf diese Weise lebenslustiger werde und meine Arbeit besser bewältige!" Und wenn jemand danach fragt, wozu das Ganze gut sei, fordern Sie ihn doch einfach auf, einmal mitzumachen. Nichts überzeugt mehr als die eigene Erfahrung!
Machen Sie sich bewußt: Die Ausrede, daß Sie keine Gelegenheit haben, die Übungen zu machen, ist nur ein Trick, um die eigene Trägheit zu erhalten. Sie können autogenes Training praktisch überall und jederzeit praktizieren! Machen Sie sich noch einmal klar:

Mein Körper versteht jeden Befehl, auch wenn ich die Wirkung nicht immer sofort verspüre!

Bitte trainieren Sie die ersten sechs Wochen bis zum Beginn der Kurzformel nur aus eigener Kraft! So prägt sich Ihr Körper die neue Methode ganz von alleine ein. Erst danach beginnen Sie, mit Hilfe der Kassette das Training noch weiter zu vertiefen! So schaffen Sie eine Grundlage, die Ihnen für Ihr ganzes Leben erhalten bleibt!

Warum und wie autogenes Training wirkt

Wir leben in einer Gesellschaft, in der es nicht leicht ist, Gefühle auszudrükken oder ihnen gar freien Lauf zu lassen. Schon kleine Kinder werden zu einem disziplinierten Verhalten ermahnt. Die gestreßten Eltern wollen ihre Ruhe. Und gestreßte Menschen sind freien, lockeren Empfindungen unzugänglich.

Wann immer Emotionen unterdrückt werden, wird die damit verbundene Energie blockiert, statt sich zum Beispiel durch Schreien, Lachen oder Herumtoben zu entladen. Inzwischen sind sich die meisten Sozialwissenschaftler und Mediziner darin einig, daß diese unterdrückte Energie „somatisiert" wird, das heißt, sie findet ihren Ausdruck in körperlichen Veränderungen. Als Beispiel wollen wir den „steifen Hals" erwähnen. In der Natur stellen Tiere bei Gefahr oder vor aggressiven Handlungen die Nackenhaare auf und spannen die „Flügelhaut" an (das ist die Hautpartie rechts und links vom Nacken hinüber zu den Schultern). Sie wollen dadurch breiter und bedrohlicher erscheinen. Dieses Instinktverhalten gilt auch noch für uns Menschen. Denn auch wir haben einen Säugetierkörper. Tägliche Überlastungen, Angst vor dem Chef oder um den Arbeitsplatz, die Notwendigkeit, „seinen Mann stehen zu müssen", führen bei den meisten Menschen irgendwann einmal zu einem steifen Genick und zu Schulterschmerzen. Das kann so weit gehen, daß der ganze Nacken und obere Rücken verhärtet und eine längere Ruhestellung erforderlich wird.

Genau hier setzt das autogene Training an und beseitigt Schritt für Schritt körperliche Verspannungen. Es beugt bei regelmäßigem Training neuen Verspannungen und körperlichen Fehlfunktionen vor.

Die psychosomatischen Reaktionsabläufe

Gegenüber verschiedenen anderen Methoden bietet autogenes Training den Vorteil, daß Sie nur sehr wenig Zeit dafür aufwenden müssen: Am Anfang dreimal täglich zunächst 5 und zum Schluß 20 Minuten und später, wenn Sie die Technik beherrschen, dreimal täglich etwa 10 Minuten.

Die Leistungssteigerungen, die Sie bald an sich selbst beobachten werden, sind auf eine Ausschaltung von Störfaktoren zurückzuführen (psychische Blockaden), die „normalerweise" die gewünschten Reaktionen überlagern.

Die häufig zu beobachtenden Leistungssteigerungen körperlicher Art und eine positivere Lebensauffassung sind also das Ergebnis innerer Harmonie, der Aufhebung von hinderlichen Blockaden und der Überwindung psychosomatischer Erkrankungen.

Durch autogenes Training und Psychokybernetik finden Sie Zugang zu Ihren ureigensten Reserven, zu all den wundervollen Möglichkeiten, die Ihr Körper und Ihr Unterbewußtsein noch für Sie bereithalten!

Mit dem folgenden Beispiel möchte ich diese psychosomatischen Reaktionsabläufe noch deutlicher machen. Psychosomatik heißt ja in der Übersetzung, daß sowohl die Psyche (unsere Seele, also unser Gefühlsleben) als auch der Körper (Soma, die Körperzelle) betroffen sind.

In diesem Sinne sind eigentlich alle Vorgänge, die uns und unsere Gesundheit angehen, psychosomatisch. Unser Körper ist stets beteiligt, unsere Sinne nehmen das Ereignis wahr, und natürlich sind wir auch stets in der einen oder anderen Weise emotional engagiert und beteiligt.

Beim autogenen Training geschieht es immer wieder, daß gerade in den ersten Wochen beim Übenden Muskelzittern, innere Unruhe, Lidflattern, Schnupfen, Niesen, plötzliche Anspannungen, das Gefühl, plötzlich auf die Toilette gehen zu müssen, und andere Nebenreaktionen auftreten. Diese Entladungen von nervlicher Energie (Neuralenergie) sind – wie schon zuvor erwähnt – die Folge von früher bereitgestellter Energie, die dann nicht eingesetzt und damit nicht verbraucht wurde.

Eine Dame, die sich zuvor schon einige Jahre erfolglos einer Gesprächstherapie unterzogen hatte, überfiel schon bei der ersten Sitzung ein starkes Zittern. Sie meinte, weglaufen zu müssen. Beim zweiten Versuch brach sie in Tränen aus, weinte einige Minuten, fing dann an zu lachen und war sichtlich erleichtert. Da war eine alte Blockade bewußt geworden. Ein Knoten war geplatzt, wie der Volksmund ganz richtig sagt!

Nachdem sie sich beruhigt hatte, berichtete sie mir ihre ganze Geschichte, die ihr jetzt endlich wieder eingefallen war.

Sie hatte als Kind ein Erlebnis gehabt, das sie streng geheimhalten mußte. Die Gesprächstherapie war deshalb nicht der richtige Rahmen gewesen, um ihren Fall zu klären, denn solange geredet wurde, verdrängte sie das Erlebnis. Sie hatte ein striktes und noch immer wirksames Gebot, den Mund zu halten, bekommen.

Als kleines Mädchen war sie von ihren Eltern stets davor gewarnt worden, durch einen bestimmten Park zu gehen. Die Eltern sagten ihr in irgendeiner Weise, daß sich sonst jemand an ihr „vergreifen" würde. Aber was heißt vergreifen für ein Kind? Sie spielte also doch des öfteren in dem Park. Als sie etwa acht Jahre alt war und schon zwei Jahre zur Schule ging, hatte sie wohl auch begriffen, daß die Warnungen der Eltern irgend etwas mit Sex zu tun hatten. Offen wurde nicht darüber geredet. Trotzdem schlich sie weiterhin des öfteren im Park umher, offensichtlich in der Absicht, etwas zu sehen. Und irgendwann hatte sie auch Erfolg. Sie entdeckte auf einer versteckten Wiesenecke ein Pärchen beim Liebesspiel. Sie schlich sich an, um alles genau zu sehen, und da sprang plötzlich der Hund des Pärchens auf sie los!

Sie erschrak natürlich furchtbar. Der Hund fühlte seine Leute bedroht und verfolgte das Mädchen. Dem Mädchen kamen die ganzen Ermahnungen der Eltern plötzlich siedendheiß zu Bewußtsein. Der Hund holte sie ein und zerriß ihr Kleid. In der Aufregung hörte er nicht auf seinen Herrn. Sein Herr stürzte nackt hinterher, um den Hund einzufangen. Das Mädchen sah in diesem Moment zum ersten Mal einen erregten, nackten Mann. Das war alles zuviel! Der Mann rief sie an: „Halt ja den Mund! Erzähle ja nicht, was du gesehen hast, sonst laß ich den Hund wieder los!" Dann verschwand er mit seinem Hund. Zu Hause waren die Eltern entsetzt über das verschmutzte, zerrissene Kleid und das in Tränen aufgelöste Mädchen. Natürlich dachten sie „nur das Eine"! Das Mädchen mußte sich ärztlich untersuchen lassen. Es ließ alles über sich ergehen und sagte kein Wort – aus Angst vor dem Hund! Die Vorhaltungen und Verdächtigungen der eigenen Eltern machten alles nur noch schlimmer.

Doch Kinder haben einen starken Überlebenswillen und vergessen auch schlimme Vorfälle, um wieder frei zu sein. So konnte die Frau sich auch nicht mehr bewußt an das Erlebnis erinnern. Aber alle die Energie, die ihr Körper bereitgestellt hatte, um zu fliehen, die ganze heimliche Aufregung, als sie aus Sensationslust im Park umherschlich, alle Angst vor dem Hund und vor dem erregten, fremden Mann blockierten ihre geistig-seelische Entfaltung. Sie konnte keine normale Beziehung aufbauen. Alles, was mit partnerschaftlichen Fragen zu tun hatte, war für sie ein Problem. Dazu kamen bald verschiedene psychosomatische Erkrankungen.

Das Zusammentreffen derartig schlimmer Umstände prägt sogenannte Engramme.

Das Bewußtsein verdrängt das Ereignis und überläßt es so dem „Vergessen". Doch das Problem ist unbewältigt, und es arbeitet weiter, bis der Fall geklärt ist. Darüber kann ein ganzes Leben verdorben werden. Psychoanalyse und Gesprächstherapie konnten die Blockade nicht lösen. Sie machten nur bewußt, daß es da mit Sicherheit ein Problem gibt! Nur was?

In diesem Fall war die Anleitung zur völligen Entspannung mit dem autogenen Training die richtige Lösung. Natürlich war in diesem Fall eine Betreuung durch einen erfahrenen Therapeuten notwendig. Es wäre ganz falsch gewesen, die Dame jetzt in diesem Moment trösten zu wollen! Was sie unbedingt brauchte, war die Entladung dieser Ängste, die sie jahrelang mit sich herumgetragen hatte! Aus diesem Grund führe ich Sitzungen auch dann zu Ende, wenn mehrere Ansätze notwendig sind. Erst dann ist das Ergebnis überzeugend.

Sollte es Ihnen zu Hause einmal geschehen, daß etwa Ihre Muskeln anfangen zu zittern, üben Sie ruhig weiter. Es ist zunächst gar nicht wichtig, warum das geschieht. Wichtig ist nur, daß erst einmal die Anspannung frei wird. Wenn es für Ihre Entwicklung erforderlich ist, dann werden Sie sich auch an die Hintergründe erinnern.

Ich schätze in vielen Fällen die klassischen indischen Methoden der Therapie. Yoga, als Training für Körper, Seele und Geist des Einzelnen, und Tantra, als Training für Paare, setzt häufig solche alten Blockaden frei. Bei diesen intuitiven Methoden wissen wir hinterher kaum noch, was eigentlich geschehen ist. Gesprochen wird nicht dabei. Fest steht nur, daß wir uns nach solch einer Therapie sehr wohl fühlen. Unsere blockierte psychische Energie ist wieder ins Fließen gekommen.

In gleicher Weise möchte ich die therapeutische Wirkung des autogenen Trainings verstanden wissen. Üben sie es regelmäßig! Und zwar nicht bis Sie es können, sondern weil Sie es können und davon profitieren! An erster Stelle sollte der Erfolg im Training stehen, erst an zweiter Stelle die Frage nach den Ursachen der alten Behinderungen und Probleme.

Machen Sie sich in diesem Zusammenhang bewußt, daß die alten Ereignisse Schnee von gestern sind, geschmolzen im Licht der Morgensonne von heute! Genießen Sie den heutigen Tag! Die alten Ereignisse existieren gar nicht mehr! Sie sind längst vorbei! Um noch einmal zu unserem Beispiel zurückzukommen:

Der Park, in dem alles passierte, ist heute eine neue Straßenzeile. Der Hund ist längst tot. Der Vater der Dame ist auch schon tot. Die Mutter lebt in einem Altersheim. Der fremde Mann wollte gar nichts von ihr. Er reagierte zum Glück trotz seiner Nacktheit schnell und fing den Hund ein, bevor dieser das Mädchen verletzte! Nur die Frau selbst litt noch 20 Jahre unter dem schnell verdrängten Vorfall!

Die langfristigen Ergebnisse

Je länger Sie sich mit diesen Aufgaben und Methoden befassen, desto klarer werden Sie erkennen, daß jeder Mensch auf wunderbare Weise erfolgreich ist. Alle seine Gedanken realisieren sich. Das heißt im Klartext: Die Summe Ihrer Gedanken realisiert sich! Wenn Sie nur denken: Ich will dieses Auto! Ich kaufe es mir! Dann werden Sie es bald haben! Wenn Sie jedoch zwischendurch denken: Ich habe kein Geld dafür, ich brauche es eigentlich gar nicht; ich will lieber ein anderes ... nun, dann wird alles immer unklarer! Wie soll denn dann Ihr Unterbewußtsein den Auftrag ausführen? Auf dieses Thema werde ich später noch ausführlich zurückkommen. Lassen Sie mich hier erst einmal die vielen Vorteile des

autogenen Trainings nochmal zusammenfassen.
Autogenes Training hat sich in vielen Bereichen des alltäglichen Lebens bewährt. Es dient der Persönlichkeitschulung und der individuellen Weiterentwicklung. Obwohl es seit mehr als fünfzig Jahren bekannt ist, wird es immer noch als eine Art Geheimtip gehandelt. Durchgesetzt hat es sich bisher eigentlich nur beim Training von Fach- und Führungskräften sowie im therapeutischen Bereich. Die mangelnde Verbreitung ist zum Teil auf schlechten Unterricht, der von unzureichend ausgebildeten Lehrern gegeben wird, zurückzuführen.
Mit Hilfe des autogenen Trainings erreichen Sie in wenigen Wochen eine wohltuende Entspannung, der bisherige Alltagsstreß wird abgebaut, und Sie erleben den „Eiffelturm-Effekt". Schwierige Aufgaben, Probleme oder Streit in Ihrer Umgebung berühren Sie bald nicht mehr in der gewohnten Weise. Sie fühlen sich durch das Training vom Problem entfernt. Aus der Ruhe Ihrer eigenen Position, gleichsam wie vom Eiffelturm, sehen Sie alle Probleme mit Distanz und mit innerer Ruhe. Ihre Wahrnehmung, das Gefühl für Ihren eigenen Körper wird deutlich besser. Immer wieder erlebe ich zu Beginn des Trainings, daß Menschen den eigenen Herzschlag gar nicht spüren. Sie wissen kaum, wo ihr Herz sitzt, da sie viel zu sehr mit den täglichen Aufgaben belastet waren. Durch autogenes Training spüren sie dann endlich wieder den eigenen, lebendigen Herzschlag.

Ihr Gefühlsleben wird bewußter, deutlicher und differenzierter. Sie werden bald entdecken, daß jeder Mensch sich nach bestimmten Verhaltensmustern richtet. Das betrifft auch die Gefühle. Mit autogenem Training wird Ihre Bereitschaft, Gefühle wahrzunehmen und auszuleben, viel besser.
Gleichzeitig verschwinden Nervosität und Kreislaufstörungen. Durch die Herzübung gelingt es, den Kreislauf zu normalisieren. Alte Ängste, Streß und Aggressionen werden abgebaut. Innere Unruhe, egal woher sie kommt, verschwindet. Unerwünschte Verhaltensweisen und Charakterschwächen werden Ihnen nun bewußt und können abgelegt werden.
Spätestens mit dem Trainingsprogramm der Psychokybernetik gewinnen Sie auch direkten Einfluß auf Ihre individuellen Probleme. In gleichem Maße, wie die Spannungen und Probleme verschwinden, wird die früher bereitgestellte Energie freigesetzt. Diese Lebenskraft steht Ihnen wieder frei zur Verfügung! Es ist auch für mich immer wieder ein Erlebnis, wenn ich beobachten kann, daß Menschen geradezu verjüngt einen Kurs verlassen. Es ist die Anspannung alter Probleme, die unsere Mimik verspannt, die uns alt aussehen läßt. Und durch die Auflösung alter Probleme gewinnen wir an Frische, an Lebenskraft und an jugendlichem Aussehen.
Das gleiche gilt für unsere Lernfähigkeit. Unser Gehirn gleicht einem leeren Schwamm, und die Hirnforscher sind der Meinung, daß das ganze Wissen

des Universums darin Platz hat! Das Gehirn eines einzigen Menschen ist in der Lage, alles Wissen der Menschheit, das derzeit bekannt ist und in Tausenden von Bibliotheken und Computern gespeichert ist, aufzunehmen. Und dann wäre noch sehr, sehr viel Platz übrig!

Was uns am Lernen hindert, sind nur alte, schlechte Erfahrungen, vor allem schlechte Lernerfahrungen aus Schule und Ausbildung.

Sie blockieren unseren Lernprozeß, besonders wenn uns jemand an den Kopf wirft, daß wir zu dumm sind, unfähig usw. Diese Arten der Beschimpfung werden speziell von kleinen Kindern ernst genommen. Daraufhin verhalten sie sich entsprechend!

Durch Abbau von Streß und alten Lernängsten gewinnen wir wieder an Lernfähigkeit! Mit der Lernfähigkeit steigt auch unser Erinnerungsvermögen. Es ist keineswegs so, daß wir alles vergessen! Aber wenn wir viele schlimme und negative Erfahrungen gemacht und verdrängt haben, dann blockieren wir mit den Verdrängungen auch unser sonstiges Erinnerungsvermögen!

Mit dem autogenen Training verschwinden viele Probleme wie von selbst! Mit der Auflösung der Probleme werden wir wieder aufgeschlossener. Ärger greift uns nicht mehr so an wie früher, unser Umgang mit anderen Menschen wird freundlicher. Unsere Lebensfreude wächst. Wir haben unser fast vergessenes Herz wiederentdeckt. Und wir haben wieder ein Herz für andere Leute.

Ein Wunder, daß mit der Herzlichkeit und mit der Lebensfreude auch die Liebesfähigkeit zunimmt! Nur wer sich selbst freundlich gegenübertreten kann, wenn er in den Spiegel schaut, nur wer sich selbst gut leiden kann, ist auch in der Lage, andere zu lieben! Autogenes Training verbessert unser Einfühlungsvermögen. Sie fühlen sich sicherer, selbstbewußter, und Sie können auch die Liebe, besonders die körperliche Liebe, ganz anders genießen als bisher!

Sexuelle Liebe ist vielleicht die größte kreative Ausdruckskraft im Menschen. Wer Probleme mit der Liebe hat, der hat auch mit dem Leben an sich Probleme. So ist es kein Wunder, daß mir immer wieder Menschen berichten, daß autogenes Training und Psychokybernetik ihnen ein neues Liebesleben beschert habe. Bei Frauen verschwinden Menstruationsprobleme ganz von selbst. Männer werden ruhiger, gelassener und zärtlicher. Sie können Zärtlichkeiten besser annehmen und besser erwidern. Und mit diesen sexuellen Erfolgen steigt wiederum Ihr Selbstbewußtsein. Wer sexuell ausgeglichen ist, freundlich, offen, klar und bestimmt, der hat einen viel besseren Blick für andere Menschen als jemand, der Angst hat, unter unerfüllten Wünschen leidet oder sie sich gar nicht erst eingesteht.

Logischerweise erleichtert autogenes Training jede Schwangerschaft und Geburt. Gerade in der Geburtsvorbereitung haben wir sehr gute Erfolge. Leider läßt der Schwangerschaftsvorsorgekurs an vielen Kliniken zu wünschen übrig. Die bewußte Kombination von Körperübungen und Atemtraining, von Atmung und Meditation, wie es in dem von mir entwickelten Energytraining vermittelt wird, fehlt in konventionellen Vorbereitungskursen. In diesem Punkt ist Energytraining der Schwangerschaftgymnastik weit überlegen. Zusammengefaßt ergibt sich eine stabilere Gesundheit, weniger Erkrankungen und im Falle einer Krankheit sind Sie erstaunlich schnell wieder gesund! Nun mag es heutzutage gute Gründe geben, einmal „krank zu feiern". Vielleicht müssen Sie einmal Abstand gewinnen? Diese Haltung ist weit verbreitet und einerseits verständlich. Andererseits könnten Sie ja auch einmal versuchen, das Positive Ihrer Arbeit zu sehen.

Mir selbst war es erst in den letzten Dienstjahren an der Universität möglich, mein Arbeitsprogramm so positiv zu sehen und mit viel Elan zu erledigen, daß ich wirklich gerne zur Arbeit ging. Wenige Monate vor Beginn meines Trainings war das keineswegs der Fall gewesen. Da empfand ich die Arbeit als öde und ermüdend. Erst, nachdem es mir gelungen war, meine Arbeit positiv zu sehen, war ich in der Lage, tiefere Zusammenhänge wahrzunehmen und mein eigenes Leben endlich einmal richtig zu planen. Aus der positiven Haltung zur Dienststelle und zur Aufgabe gewann ich die Kraft, um mich selbständig zu machen und ein eigenes Institut zu gründen.

Seit vier Jahren bilde ich nun schon Seminarleiter und Trainer aus, denn es ist genug Bedarf für diese Berufe in unserer Gesellschaft. Bei meinen Seminarteilnehmern konnte ich beobachten, daß sich viele mit Erfolg selbständig gemacht haben. Andere haben sich in ihrem Beruf verbessert, sind aufgestiegen und arbeiten heute unter wesentlich besseren Bedingungen als früher.

Es kommt stets auf den Einzelnen an, nicht so sehr auf das Vorleben und die problematische Kindheit, sondern auf das Hier und Jetzt. Ein junger Mann, der eine sehr schwierige Kindheit hatte, als LKW-Fahrer Aushilfsjobs erledigte, schlecht bezahlt wurde und arbeitslos war, als er zu mir kam, fand wenige Wochen noch Beendigung des Trainings eine neue Stelle als Aushilfe beim Weinflaschen waschen. Der Chef ließ täglich seinen Ärger an ihm aus. Aber der junge Mann durchschaute das Spiel. Mit der erworbenen Ruhe und Selbstsicherheit im autogenen Training stellte er den Chef in der richtigen Tonlage zu Rede. Der Chef war total verblüfft, denn der Mann hatte immer noch das Aussehen eines Hilfsarbeiters, mit dem man alles machen kann! Die kurzen, klaren Fragen des jungen Mannes beeindruckten den Chef so sehr, daß er ihn aushilfsweise LKW fahren ließ. Jeden Tag sprach er in der Arbeitszeit rund eine Stunde mit ihm über die Ideen der heutigen Jugend und über autogenes Training. Bald fuhr der junge Mann regelmäßig einen LKW. Sein Selbstbewußtsein stieg, er verdiente jetzt deutlich besser. Nach einem Jahr hat er sich mit einem Einzelhandelsgeschäft selbständig gemacht. Das Geschäft geht gut! Er hat endlich den richtigen Weg gefunden, um seine geheimen Ziele zu realisieren. Nebenbei besuchte er noch einige Kurse in Energytraining bei mir und förderte auf diese Weise seine Fähigkeiten und Anlagen. Autogenes Training ist sicherlich kein Allheilmittel. Als erstes kommt es darauf an, es wirklich regelmäßig zu machen. Als nächstes müssen Sie den inneren Glauben an Ihre eigene Sache festigen. Doch danach bekommen Sie jeden beliebigen Bereich Ihres Lebens immer besser in den Griff!

Wenn Sie mir dahingehend folgen können, daß es unser Geist, unsere Lebenskraft an sich ist, die den Ton in unserem Leben angibt, dann sind Krankheiten und Probleme also Ausdruck geistiger Unklarheit und Überlastung. Und dann ist autogenes Training und die Psychokybernetik auch der richtige Weg, um Probleme und Krankheiten zu überwinden. Dieses Training setzt beim Geist an. Am Anfang steht der Wunsch, autogenes Training und Psychokybernetik zu erlernen. Okay! Bleiben Sie dran! Lernen Sie es gewissenhaft, und setzen Sie es konsequent ein! Ein klares Ziel, ein fester Wille und gute Laune sind in der Lage, jedes Problem zu überwinden. Erfolg und Lebensfreude sind Ihnen dann sicher!

Medizinische Zusammenhänge und Hintergründe

Bei autogenem Training handelt es sich zusammengefaßt um eine autosuggestive (selbst herbeigeführte) und willentliche Einflußnahme auf das vegetative Nervensystem, das „normalerweise" nicht unserem Willen unterliegt. Das vegetative Nervensystem kümmert sich, ohne daß wir ständig daran denken müssen, um den geregelten Ablauf von Atmung, Herzschlag, Blutdruck und Kreislauf, Verdauung und Ausscheidung, Sexualfunktion und um die richtige Muskelspannung, damit wir handlungsfähig bleiben.

Aus dieser Liste können Sie bereits erkennen, daß in einer fehlerhaften Steuerung dieser Funktionen zum Beispiel durch Umweltbelastung oder Streß die Ursache für eine Vielzahl heute weitverbreiteter Erkrankungen zu finden sind.

Sympathikus und Parasympathikus

Das vegetative Nervensystem besteht aus dem Sympathikus und dem Parasympathikus.

Der Sympathikus ist ein im ganzen Körper verzweigter Teil unseres Nervensystems, der die Aufgabe hat, uns zu aktivieren. Auf Befehl des Sympathikus wird im Körper Adrenalin produziert. Wir werden wacher, aktiver, notfalls aggressiv. Wir können schneller rennen

23

(fliehen), unser Blutdruck steigt, wir schwitzen leicht, der Herzschlag beschleunigt sich, und die Anspannung unserer Muskeln erhöht sich. Unsere Atmung wird tiefer und kräftiger. Wir sind nun voll einsatzbereit, ganz gleich, welcher auslösende Reiz die Aktivität des Sympathikus stimuliert hat!

Umgekehrt ist der Parasympathikus der Gegenspieler (Antagonist) des Sympathikus. Er ist ebenfalls im ganzen Körper verzweigt, veranlaßt jedoch die Produktion von Acetylcholin und dämpft dadurch unsere Aktivitäten.

Wenn der Parasympathikus verstärkt zu arbeiten beginnt, werden wir ruhiger, langsamer, die Arterien weiten sich, der Blutdruck sinkt, ebenso die Muskelspannung und der Herzschlag. Unsere Atmung wird langsamer, die Verdauung dagegen stärker.

Diese Wechselwirkung ist aus der Natur heraus leicht zu verstehen. Unser Körper ist ein Säugetierkörper. Da ist ein Tier auf der Suche nach Futter oder auf der Jagd. Es muß aktiv sein, um sein Futter zu finden, um seine Beute zu töten und um zu essen. Wenn es sich satt gegessen hat, braucht es eine Ruhepause. Dann sucht es sich einen sicheren Schlafplatz und verdaut. Genauso ist es bei uns, nur daß unser Leben in der menschlichen Gesellschaft inzwischen etwas anders aussieht.

Von der Wechselwirkung und vom Gleichgewicht dieser Nervenstränge und ihrer Aktivitäten hängt es ab, ob wir gesund und aktiv, krank und schlaff oder übernervös sind.

Gerät dieses Gleichgewicht ins Wanken, werden alle Körperfunktionen mehr und mehr unharmonisch, werden wir immer gestörter und kranker. Disharmonien in diesem Bereich nennt man vegetative Dystonie.

Eine Ausnahme bildet die Geschlechtsfunktion. Hier arbeiten Sympathikus und Parasympathikus nicht antagonistisch, das heißt gegeneinander, sondern zusammen.

Kindliche Abhängigkeitsverhältnisse, Angst und Schuldgefühle wirken sich in Übersteuerungen des Parasympathikus aus. Das führt zu Erschöpfungszuständen, geringer Leistungsfähigkeit, Asthma, Magengeschwüren, Diarrhö und anderen psychosomatischen Erkrankungen.

Übersteuerung durch Willensanstrengung, Aggressionsgefühle und Feindseligkeit führen zu gesteigerter (überzogener) Aktivität des Sympathikus. Die Folgen sind psychosomatische Beschwerden wie Migräne, Bluthochdruck, Herzneurosen, Arthritis und andere Erkrankungen.

Das wichtigste Geflecht des vegetativen Nervensystems im Bauchraum ist der Solarplexus (Sonnengeflecht). Von hier aus wird die Mehrzahl der inneren Organe gesteuert.

So mancher Mensch, der über „Magendrücken" klagt, hat in Wirklichkeit Probleme mit Spannungen im Solarplexus, der direkt hinter dem Magen liegt. Unsicherheit im Alltag, Angst und Aggression überlasten den Solarplexus und führen zu den in der Abbildung dargestellten Krankheiten.

Funktionskreislauf psychosomatischer Störungen

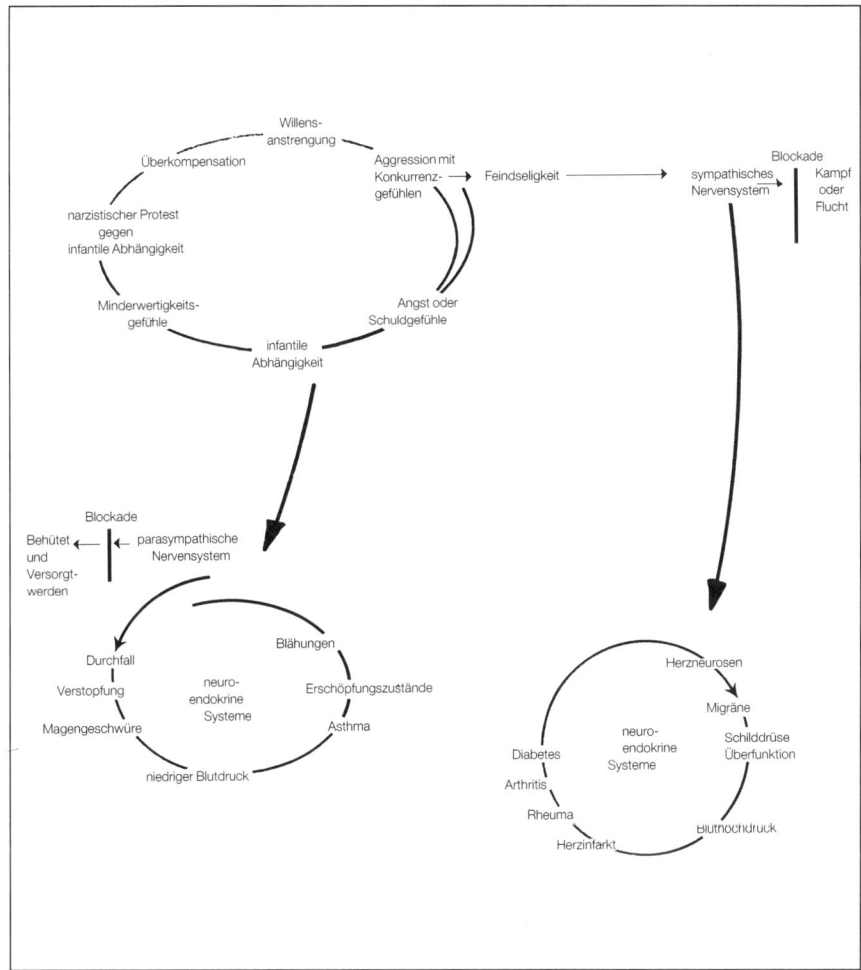

Das Schema zeigt die beiden Arten von vegetativen Reaktionen auf emotionale Zustände. Auf der rechten Seite sind die Symptome dargestellt, die sich entwickeln können, wenn die Abfuhr aggressiver Antriebe (Kampf oder Flucht) blockiert wird; auf der linken Seite erscheinen die Symptome, die sich entwickeln, wenn die abhängigen, hilfesuchenden Bestrebungen blockiert werden

Schaltzentrale Gehirn

Wenn wir die medizinische Seite des autogenen Trainings betrachten, müssen wir auch einen Blick auf die Hirnfunktionen werfen. Unser Wachheitsgrad wird durch die Formatio reticularis in Wechselwirkung mit der Hypophyse und bestimmten anderen Regionen unseres Gehirns gesteuert. Dr. J. H. Schultz fand bereits heraus, daß unser Atem ruhiger wird, wenn wir die Augen schließen. Dafür wird unser Gehör schärfer, um uns in der Dunkelheit Schutz zu gewähren.

Im Wachzustand des Menschen wird die sogenannte Beta-Wellen-Frequenz gemessen (mit dem EEG). Dann ist der Mensch hellwach. Sobald wir die Augen schließen und mit dem autogenen Training beginnen, verändert sich auch unsere Hirnfrequenz. Es treten Schlafspindeln auf (charakteristische EEG-Muster), und dann kommt der Alpha-Wellen-Bereich.

Durch das autogene Training wird dem Körper nämlich eine Ruhe vermittelt, die der natürlichen, ausgeglichenen säuglingshaften Geborgenheit ähnelt.

Man spricht von einer kontrollierten Regression (Sichzurückversetzen in einen früheren Zustand).

Damit kommt das autogene Training dem Bedürfnis einer Vielzahl von Menschen in unserer heutigen Zeit entgegen, die zumeist ihre Kindheit und Erziehung als nicht liebevoll genug erlebt und ein Nachholbedürfnis haben.

Autogenes Training dämpft Gemütsbewegungen (Affekte) und läßt Sie innerlich Abstand gewinnen zu den Anforderungen der Außenwelt. Das Gefühl für den eigenen Körper wächst wieder, Umgebungsreize werden gedämpft, und mit sinkendem Wachheitsgrad kann sich das Großhirn entspannen. Das Gehirn wird nämlich nicht von sich aus ruhig, sondern nur durch Reduzierung der Umweltreize.

Besonders die Schwereübung dämpft durch Einflußnahme auf die Formatio reticularis den Wachheitsgrad des Übenden.

Die Rücknahme: Arme fest, tief atmen, Augen auf! gibt dann wiederum Impulse, die die Formation reticularis zu gesteigerter Aktivität veranlaßt und uns ins Wachbewußtsein zurückholt.

26

Schematische Übersicht über das menschliche Gehirn und einige seiner Funktionsabläufe

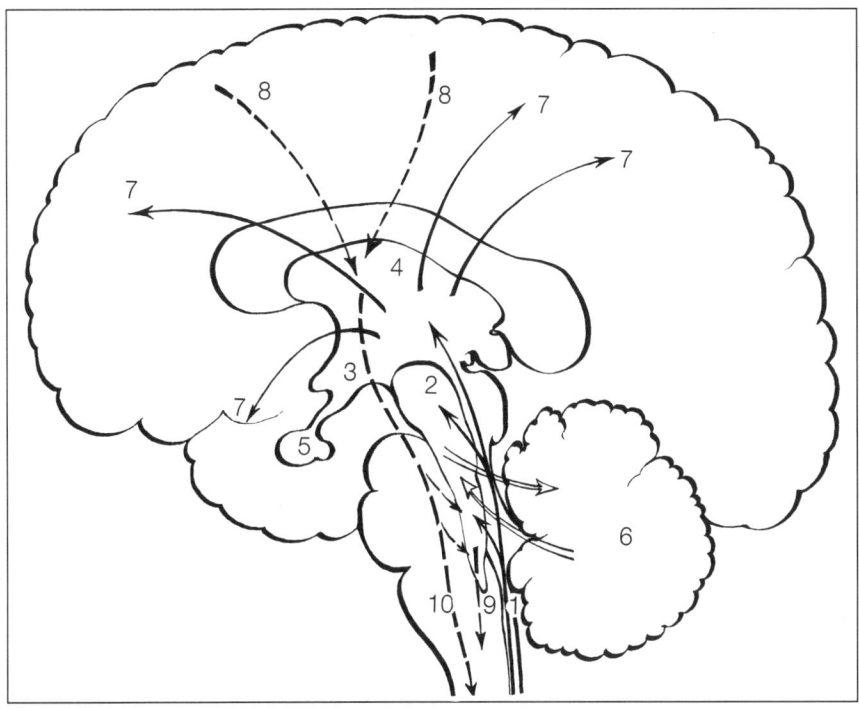

Sinneswahrnehmungen aus dem ganzen Körper laufen über das Rückenmark (1) zur Formatio reticularis (2), die u.a. über unseren Wachheitsgrad entscheidet. Sie gibt Impulse, ob wir erwachen oder schlafen sollen. Impulse, ob wir uns bewegen sollen, werden mit dem Kleinhirn ausgetauscht (6).
Die Sinnesimpulse laufen weiter zum Hypothalamus (3) und zum Thalamus (4). Hier werden sie gefühlsmäßig bewertet (geprüft). Die Hypophyse (5) ist ein wichtiger Regelmechanismus in unserem Gehirn. Sie beeinflußt unseren gesamten Hormonhaushalt und damit unser Gefühlsleben (Wachstum, Sexualität, Schilddrüsenfunktion und Nebennierenrindenfunktion).
Die einlaufenden Sinnesimpulse werden z.T. in der Formatio reticularis direkt (instinktiv) beantwortet (9) oder nach Prüfung im Großhirn (7) durch bewußte Gedanken (Entscheidungen) beantwortet (8). Diese Entscheidungen (8) laufen wieder zurück zur Formatio reticularis (2) oder direkt in den Körper (10)

Jahrzehntelange wissenschaftliche Tests in aller Welt haben bewiesen, daß wir im Alpha-Zustand wesentlich kreativer sind als im Beta-Zustand. Es ist also sinnvoll, in meditativer Ruhe wie etwa beim autogenen Training ein Projekt oder eine Arbeit zu planen, um dann voll aktiv an die Arbeit zu gehen und die Pläne zu verwirklichen.

Autogenes Training gibt uns die Möglichkeit, die kreative Hirnfrequenz bewußt einzuschalten! Und die Psychokybernetik ist letztlich nichts anderes, als gezieltes, bewußtes und aktives Träumen! Statt einzuschlafen und unsere Träume dem Zufall zu überlassen, wirken wir bei dieser Methode direkt auf die Träume ein. So können wir bewußt unsere Wünsche realisieren!

In unseren aktiven Träumen bei Nacht befindet sich unser Gehirn im Frequenzbereich der Theta- oder – noch tiefer – der Delta-Wellen. Untersuchungen in meinem Institut haben ergeben, daß bei Menschen, die regelmäßig autogenes Training, Psychokybernektik, Meditation und Energytraining praktizieren, selbst am Tage und bei vollem Wachbewußtsein vermehrt Theta- und Delta-Wellen auftreten! Das bedeutet ganz einfach, daß wir in einem kreativen Zustand noch wach und aktiv sind, den die meisten anderen, untrainierten Menschen nur nachts im Traum erleben und das zumeist ohne Erinnerung und ohne Kontrollmöglichkeit.

Bei diesen Zusammenhängen ist es nicht länger ein Wunder, daß Menschen mit solch einem Training erfolgreicher sind als andere. Sie werden sehen, daß auch Ihnen bald ganz andere Ideen kommen als früher. Bald werden auch Sie diese inneren Zusammenhänge fühlen und gezielt einsetzen, um Ihre Träume zu realisieren.

Ihre Träume können gar nicht groß genug sein! Haben Sie den Mut zu großen Ideen und zu großen Taten! Werfen Sie die Zweifel ab und beschließen Sie gleich jetzt, von nun an einfach erfolgreich zu sein! Ohne Wenn und Aber! Passende Affirmationen dazu sind (mehr dazu siehe Seite 51f.):

Ich bin glücklich, wohlhabend und erfolgreich!
Ich bin eine wundervolle, attraktive Frau!

Ich bin ein wundervoller, dynamischer Mann!
Ich erreiche mein Ziel!

Denken Sie in diesem Zusammenhang daran, auch wirklich ein klares Ziel auszuarbeiten! Nur klare Ziele können erreicht werden! Anderenfalls werden Sie mit dem Ergebnis unklarer Zielvorstellungen sicherlich unzufrieden sein.

Organische Nebenwirkungen und ihre Bedeutung

Generell handelt es sich beim autogenen Training also um organische Umschaltungen (kybernetische Prozesse), die gezielt und willentlich ausgelöst werden. Die dabei erfolgenden Entspannungsreaktionen laufen nicht alle gleichzeitig ab (Entspannung – Entladung bereitgestellter Energie, die gespeichert und blockiert, aber nicht verwendet wurde). So kommt es zu den bekannten Nebenreaktionen. Obwohl wir an anderer Stelle bereits über die Nebenwirkungen gesprochen haben, möchte ich hier noch einmal darauf zurückkommen. Gerade an den Nebenwirkungen können wir uns klarmachen, daß wir hier ganz real mit Energie arbeiten! Wir setzen Energie ein (unsere Gedankenkraft), um blockierte oder verschüttete Energie freizusetzen. Wir arbeiten also mit dem autogenen Training an Anspannungs- und Entspannungszuständen unseres Körpers.

Von Somatisierung sprechen wir, wenn die Energie unserer Gefühle und Gedanken auf der körperlichen Ebene ihren Ausdruck findet.

Sobald wir nun mit dem autogenen Training für eine geregelte, immer wiederkehrende Entspannung sorgen, werden diese blockierten Energieladungen frei.

Das führt zu den bekannten, auch bei anderen Entspannungstechniken und in der Psychotherapie auftretenden körperlichen und geistigen Reaktionen wie plötzlich auftretender Schnupfen, Niesen, Klingeln im Ohr, Unwohlsein, Krämpfe in einem bestimmten Muskel, Zucken eines Muskels usw. Alle diese Reaktionen können spontan auftreten und sind zumeist mit der Rücknahme wieder verschwunden.

Machen Sie sich bewußt: Alle diese Symptome sind nur vorübergehender Natur, und sie sind ein sehr positives Zeichen! Sie sind der spürbare Beweis,

daß blockierte Lebensprozesse wieder in Gang kommen. Die hier freiwerdende Energie steht Ihnen jetzt wieder zur Verfügung! Genau das ist die Ursache für die gesteigerte Lebensfreude und die Steigerung Ihrer Leistungsfähigkeit! Man spricht in diesem Zusammenhang auch vom Freiwerden von Engrammen. Darunter verstehen wir zumeist unbewußte, in der Vergangenheit (oft unter Schockwirkung) in unserem Unterbewußtsein gespeicherte Erlebnisse (Erfahrungen zum Beispiel im Zusammenhang mit einem Unfall, einer Operation, einem Schock usw).

Die auf diese Art und Weise in unserem Unterbewußtsein gespeicherte und blockierte Energie ist ungeheuer umfangreich! In dem Maße, wie wir sie durch das autogene Training freisetzen und dann später durch die Psychokybernetik bewußt zu steuern und zu nutzen lernen, fühlen wir uns plötzlich frischer, regelrecht verjüngt und neu belebt wie schon lange nicht mehr! Gerade das sind die schönsten Erfahrungen beim autogenen Training und in der Psychokybernetik!

Hier können wir uns selbst zuschauen und beobachten, wie unsere persönlich verfügbare Kraft und Ausgeglichenheit ständig wächst!

Unterstützende Maßnahmen

Bevor wir zum Grundkurs kommen, will ich noch einmal darauf hinweisen, daß bei jeder Arbeit mit unserem Nervensystem Energie verlagert wird. Nervenimpulse sind in der Tat Energie. Um

29

diese Energie zu transportieren, braucht es ein geeignetes Leitungssystem. Die einwandfreie Funktion unseres Nervensystems hängt wesentlich von einer ausreichenden Versorgung mit den sogenannten neurotropen Vitaminen des B-Komplexes ab. Besonders wichtig sind die Vitamine B_1, B_6, und B_{12}.

Bei unseren Untersuchungen im Kyborg-Institut konnten wir in den letzten Jahren immer wieder feststellen, daß Menschen mit nervlichen Problemen und psychosomatischen Beschwerden unterversorgt mit diesen drei Vitaminen sind. Es mangelt in der heutigen Nahrung an diesen Vitaminen, weil fast alle Früchte unreif geerntet werden.

Aus diesem Grund empfehle ich meinen Seminarteilnehmern schon seit Jahren, während des Trainings einige Wochen Tabletten mit hochdosierten B-Komplex-Vitaminen einzunehmen. Und oft erzielten die Teilnehmer damit einen durchschlagenden Erfolg, gerade dann, wenn ihre Trainingserfolge ins Stocken geraten waren.

Vitamin-B-Komplex in einer Dosierung von 50 – 100 mg/ B_1 und B_6 und B_{12} mit 20 Mikrogramm pro Tag macht ihr Nervensystem leistungsfähiger! Und damit haben Sie auch bei diesem Training und später bei der Psychokybernetik bessere Erfolge! Schädliche Nebenwirkungen gibt es bei dieser Dosierung nachgewiesenermaßen nicht!

Grundkurs autogenes Training

Die Körperhaltungen

Um das autogene Training jederzeit und überall durchführen zu können, verwenden wir drei verschiedene Körperhaltungen. Ihr Training sollten Sie während des Grundkurses bei den drei täglichen Übungen abwechselnd in diesen drei Positionen durchführen, damit Sie auch später je nach Situation jede der drei Haltungen verwenden können.

Die sitzende Haltung

Setzen Sie sich in einen Ohrensessel oder Lehnstuhl mit hoher Rückenlehne, an die Sie Ihren Kopf lehnen. Die Wirbelsäule sollte ganz gerade sein. Die Arme liegen locker auf den Lehnen, die Beine bilden an den Kniegelenken einen rechten Winkel, und die Füße stehen parallel.

Die Droschkenkutscherhaltung

Setzen Sie sich auf einen Hocker oder Stuhl, ohne den Rücken anzulehnen. Lassen Sie die Arme locker an den Seiten herunterhängen, die Unterarme und Hände legen Sie ganz locker auf die Oberschenkel, die Beine am Knie rechtwinklig gebeugt, die Füße parallel, und nun lassen Sie sich in der Wirbelsäule zusammensinken. Der Kopf wird von der Wirbelsäule getragen und fällt nicht mehr nach vorn, der ganze Körper trägt sich selbst.

Die liegende Position

Legen Sie sich bequem auf eine gerade Unterlage, Liege oder Decke, die Arme ruhen seitlich ausgestreckt neben dem Körper, die Handflächen nach unten, die Beine ruhen dicht beieinander, und die Fußspitzen fallen leicht nach außen.

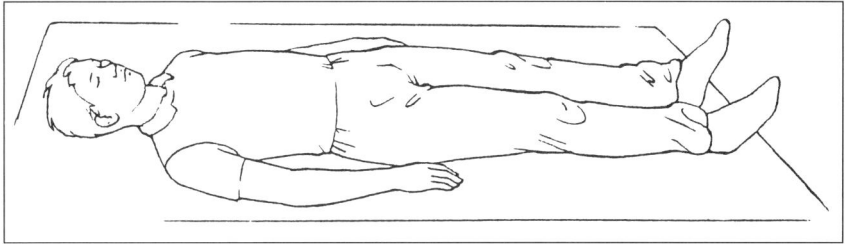

Vorübung und Rücknahme

Die Vorübung vor Beginn des autogenen Trainings und die Rücknahme der tiefen Entspannung nach Beendigung sind immer gleich und werden deshalb hier einmal für alle Übungen vorangestellt.

Vorübung Punktsehen

Sinn der Vorübung ist es, Gedanken und Gefühle ruhigzustellen. Richten Sie Ihren Blick auf einen beliebigen Punkt. Konzentrieren Sie sich ganz auf diesen Punkt. Sammeln Sie die Vielfalt Ihrer Gedanken nur in diesem einen Punkt. Schließen Sie nun Ihre Augen und richten Sie Ihre Aufmerksamkeit auf Ihren Atem.
Lassen Sie Ihren Atem ganz ruhig fließen, nichts verändern oder beeinflussen, nur ruhig fließen lassen, und stellen Sie sich vor, daß Sie Ruhe und Entspannung einatmen und mit dem Atem alle Anspannung aus Ihnen hinaus und in den Boden unter Ihnen fließt.

Bitte verwenden Sie im gesamten Übungsprogramm keine eigenen, sondern die folgenden angegebenen und seit Jahrzehnten bewährten Formulierungen.

Rücknahme

Nachdem Sie die Übung durchgeführt haben, ist es notwendig, die Wirkung zurückzunehmen (außer vor dem Schlafengehen). Durch diese Übung befinden Sie sich in einem sehr gelösten, harmonischen Zustand, in dem Ihr Körper und Ihr Geist die Entspannung genießen. In diesem Zustand sollten Sie aber zum Beispiel nicht Autofahren. Durch die Rücknahmeformel:

Arme fest, tief atmen, Augen auf!

richtet sich Ihre Aufmerksamkeit wieder vollbewußt nach außen. Sie sind dann wieder hellwach und leistungsfähig!

32

Die Schwereübung

Leitsatz: *Der rechte (linke) Arm ist ganz schwer.*

Dieser Leitsatz führt dazu, daß unser vegetatives Nervensystem die Muskulatur in unserem Arm entspannt und dadurch das Gefühl der Schwere erzeugt.

Linkshänder verwenden den Satz: „Der linke Arm ist ganz schwer."

Da das vegetative Nervensystem den gewünschten Entspannungszustand eines Körperteils (hier: rechter oder linker Arm) automatisch an die gesamte Muskulatur unseres Körpers weitermeldet, führt der Auftrag an nur einen Arm schnell zu einer Generalisierung: Die gesamte Muskulatur unseres Körpers tritt in den wohltuenden Zustand der Entspannung.

Führen Sie diese Übung mindestens dreimal täglich durch. Sobald sich die Schwerewirkung deutlich spürbar einstellt, verwenden Sie den Satz:

Beide Arme ganz schwer!

Dadurch beschleunigen und vertiefen Sie die Wirkung.

Nach Abschluß der Übung tragen Sie eine Notiz zu Ihrer Erfahrung in die entsprechende Checkliste ein. Bitte bestätigen Sie sich täglich durch Ihre eigene Unterschrift die Durchführung der Übungen. Jede Selbstbestätigung führt zu mehr Selbstvertrauen und mehr Selbstsicherheit!

Sollten Sie am Anfang Schwierigkeiten mit der Schwereempfindung haben, dann stellen Sie sich bitte vor, daß an Ihrem Arm eine schwere Tasche hängt und Ihren Arm nach unten zieht.

Wenn Sie schon von Anfang an mit einer Affirmation (siehe Seite 51f.) arbeiten möchten, schieben Sie die Affirmation vor der Rücknahme ein. Der Ablauf der Übung sieht dann folgendermaßen aus:

1. Punktsehen und Atem fließen lassen

2. *Ich bin vollkommen ruhig!* (einmal)

3. *Der rechte (linke) Arm ist ganz schwer!* (sechsmal)

4. *Ich bin vollkommen ruhig!* (einmal)

4. Ihre Affirmation zum Beispiel: ***Das autogene Training gelingt mir ganz leicht!*** (mindestens sechsmal und bis zu dreißigmal wiederholen)

5. *Arme fest, tief atmen, Augen auf!*

6. Checkliste ausfüllen, abzeichnen

Hast Du früh AT gemacht, täglich Dir die Sonne lacht!

Checkliste Schwereübung

1. Übungswoche von .... bis ....

	Tage	Bemerkungen/Erfahrungen	Unterschrift
1.	morgens		
	mittags		
	abends		
2.	morgens		
	mittags		
	abends		
3.	morgens		
	mittags		
	abends		
4.	morgens		
	mittags		
	abends		
5.	morgens		
	mittags		
	abends		
6.	morgens		
	mittags		
	abends		
7.	morgens		
	mittags		
	abends		
Beobachtun-gen gesamt			

Die Wärmeübung

Leitsatz: Der rechte (linke) Arm ist strömend warm!

Zum Einüben konzentrieren Sie sich bitte stets auf Ihren dominanten Arm (rechts oder links).
Sobald Sie die Wärmeübung sicher beherrschen – und bitte erst dann! – gehen Sie über zu der Formel:

Beide Arme strömend warm!

Der Leitsatz der Wärmeübung führt zu einer Entspannung, und das bedeutet, zu einer Erweiterung der Blutgefäße. Auf diese Weise werden die äußeren Körperpartien besser durchblutet, und das führt zu dem wohltuenden Gefühl der Wärme.
Genaue medizinische Messungen haben ergeben, daß die Oberflächentemperatur um bis zu einem Grad Celsius ansteigt, während die Körper-Kerntemperatur gleichzeitig etwas absinkt. Die bessere Durchblutung führt also zu einem Temperaturausgleich, hebt jedoch die gesamte Temperatur des Körpers nicht nachweisbar an.
Sollten Sie anfangs Schwierigkeiten haben, die Wärme zu empfinden, stellen Sie sich vor, daß Ihr Arm auf einem Heizkörper oder in der Sonne liegt und sich angenehm erwärmt. Sie können sogar nachhelfen, indem Sie eine Wärmflasche verwenden. Aber diesen Notbehelf wenden Sie bitte nur an, wenn Sie nach einer Woche immer noch nichts spüren.

Die Durchführung der Übungen bis zur Wärmeübung:

1. Punktsehen und Atem fließen lassen

2. Ich bin vollkommen ruhig!
(einmal)

3. Der rechte (linke) Arm ist ganz schwer! (sechsmal)

4. Ich bin vollkommen ruhig!
(einmal)

5. Der rechte (linke) Arm ist strömend warm! (sechsmal)

6. Ich bin vollkommen ruhig!
(einmal)

7. Ihre Affirmation (sechs- bis dreißigmal)

8. Zurücknahme der Übung:
Arme fest, tief atmen, Augen auf!

9. Notieren Sie Ihre Erfahrungen in der Checkliste und zeichnen Sie ab!

Wohin ich meine Aufmerksamkeit richte, dorthin fließt meine Energie!

Checkliste Wärmeübung

2. Übungswoche von .... bis ....

	Tage	Bemerkungen/Erfahrungen	Unterschrift
1.	morgens		
	mittags		
	abends		
2.	morgens		
	mittags		
	abends		
3.	morgens		
	mittags		
	abends		
4.	morgens		
	mittags		
	abends		
5.	morgens		
	mittags		
	abends		
6.	morgens		
	mittags		
	abends		
7.	morgens		
	mittags		
	abends		
Beobachtungen gesamt			

Die Atemübung

***Leitsatz: Atem ruhig und gleich-
mäßig!***

Schlußsatz: Es atmet mich!

Jeder Mensch kann ohne besonderes
Training vier Wochen ohne Nahrung
auskommen, aber nur eine Woche ohne Wasser und nur wenige Minuten
ohne Luft! Das mag Ihnen verdeutli-
chen, von wie großer Bedeutung der
Atem für unser Leben ist!

Aus der Biologie wissen wir, daß Atem-
frequenz und Lebenserwartung eng
miteinander verbunden sind. Schnell
atmende Tiere haben ebenso wie hek-
tische, schnell atmende Menschen eine
geringere Lebenserwartung als ruhig
und tiefatmende Tiere oder Menschen.
Die Ursache ist darin zu suchen, daß
schnelle, heftige Atemprozesse den jeweiligen Organismus stärker belasten
und verschleißen.

Kinder haben eine weitgehend natürliche, der jeweiligen Lebenssituation
angepaßte Atmung. Angst, Streß und

unterdrückte Gefühle führen zu Verschie-
bungen im Atemprozeß. Ängste, Unsicherheit, Minderwertigkeitsgefühle, Aggressionen und ständige Befehle von außen führen dazu, daß die betroffenen
Menschen verstärkt in den Brustkorb hin-
einatmen (nach oben zu), statt nach unten in den Bauchraum hinein.

Das symbolisiert im Grunde genommen immer ein Gefühl des „Sich-auf-
blasen-müssens". Ein solches Verhalten zeigt die Ohnmacht gegenüber der
Außenwelt. Es hat seinen Ursprung in
der gleichen Reaktion wie das zuvor
erläuterte Aufstellen des Nackenfelles
bei Tieren.

Autogenes Training führt uns zurück
zu einem natürlichen, entspannten
Atemprozeß, und ein ruhiger ausgegli-
chener Atem führt ganz automatisch
zu einer harmonischen, ausgeglichenen Begegnung mit der Umwelt!

Sollten Sie mit der Atemübung Schwierigkeiten haben, dann hilft die Vorstellung, daß Sie sich am Ufer eines Meeres
befinden und Sie beobachten, wie die
Wellen langsam und gleichmäßig an-
und ablaufen.

Die Durchführung der Übungen bis zur Atemübung:

1. Vorübung: Punktsehen und den Atem ruhig fließen lassen

2. Ich bin vollkommen ruhig!
(einmal)

3. Der rechte Arm ist ganz schwer! (sechsmal)

4. Ich bin vollkommen ruhig!
(einmal)

5. Der rechte Arm ist strömend warm! (sechsmal)

6. Ich bin vollkommen ruhig!
(einmal)

7. Atem ruhig und gleichmäßig!
(sechsmal)

8. Es atmet mich!
(einmal)

9. Ich bin vollkommen ruhig!
(einmal)

10. Ihre Affirmation (sechs- bis dreißigmal)

11. Die Rücknahme:
Arme fest, tief atmen, Augen auf!

12. Eintrag in die Checkliste und abzeichnen!

Der Begriff „Es atmet mich" führt dazu, daß Sie wiederum mehr Vertrauen gewinnen in die normalerweise unbewußt ablaufenden Prozesse Ihres Körpers. Sobald sich die Wirkung der Atemübung sicher einstellt, können Sie die ganze Atemübung reduzieren auf sechsmal

Es atmet mich!

statt: „Atem ruhig und gleichmäßig" sechsmal und: „Es atmet mich" einmal zu sagen.

Ich genieße mein Leben in Harmonie!

Checkliste Atemübung

3. Übungswoche von .... bis ....

	Tage	Bemerkungen/Erfahrungen	Unterschrift
1.	morgens		
	mittags		
	abends		
2.	morgens		
	mittags		
	abends		
3.	morgens		
	mittags		
	abends		
4.	morgens		
	mittags		
	abends		
5.	morgens		
	mittags		
	abends		
6.	morgens		
	mittags		
	abends		
7.	morgens		
	mittags		
	abends		
	Beobachtungen gesamt		

Die Herzübung

Leitsatz: Mein Herz schlägt ruhig und regelmäßig!

Machen Sie sich als erstes Ihre Herztätigkeit bewußt! Sollten Sie Schwierigkeiten haben, die Herztätigkeiten zu bemerken, lassen Sie Ihre Aufmerksamkeit durch den Körper wandern. Oft können Sie an der Schläfe oder an der Halsschlagader den Herzschlag deutlicher empfinden als am Herzen selbst. Verlegen Sie bei der Übung Ihre Gedanken in diesen Punkt. Sie können für die Vorübung auch ein Kissen unter den rechten Ellenbogen schieben. Dann winkeln Sie den rechten Arm an und legen die rechte Hand auf Ihr Herz. Jetzt können Sie Ihren Herzschlag deutlich fühlen und bewußt erleben. Haben Sie Schwierigkeiten mit zu hohem Blutdruck, dann können Sie die Formel modifizieren durch:

Mein Herz schlägt ganz ruhig und regelmäßig!

Leiden Sie eher unter zu niedrigem Blutdruck, können Sie die Formel abändern in:

Mein Herz schlägt kräftig und regelmäßig!

Die Herzübung hat neben der deutlich spürbaren Entspannung im Brustbereich zur Folge, daß wir wieder mit „mehr Herz" in unsere Umwelt hineingehen, daß es uns leichter fällt, „herzlich" auf unsere Mitmenschen zuzugehen. Wir lernen, unsere Gefühle deutlicher wahrzunehmen und anstehende Aufgaben „beherzt" zu lösen.
Als Hilfevorstellung können Sie sich das Bild einer ruhig und gleichmäßig arbeitenden Pumpe vorstellen.
Bitte denken Sie daran, die verschiedenen Übungshaltungen regelmäßig abzuwechseln, damit Sie bald in der Lage sind, das autogene Training jederzeit und in jeder möglichen Position durchzuführen!

Die Durchführung der Übungen bis zur Herzübung:

1. Vorübung: Punktsehen und Atem fließen lassen

2. Ich bin vollkommen ruhig!
(einmal)

3. Der rechte Arm ist ganz schwer! (sechsmal)

4. Ich bin vollkommen ruhig!
(einmal)

5. Der rechte Arm ist strömend warm! (sechsmal)

6. Ich bin vollkommen ruhig!
(einmal)

7. Atem ruhig und gleichmäßig!
(sechsmal)

8. Es atmet mich!
(einmal)

9. Ich bin vollkommen ruhig!
(einmal)

10. Das Herz schlägt ruhig und regelmäßig! (sechsmal)

11. Ich bin vollkommen ruhig!
(einmal)

12. Ihre Affirmation (sechs- bis dreißigmal)

13. Die Rücknahme:
Arme fest, tief atmen, Augen auf!

14. Tragen Sie Ihre Erfahrungen in die Checkliste ein und zeichnen Sie ab!

Ich glaube an mich und meine Kraft, ich bin ein wundervoller Mensch!

Checkliste Herzübung

4. Übungswoche von .... bis ....

	Tage	Bemerkungen/Erfahrungen	Unterschrift
1.	morgens		
	mittags		
	abends		
2.	morgens		
	mittags		
	abends		
3.	morgens		
	mittags		
	abends		
4.	morgens		
	mittags		
	abends		
5.	morgens		
	mittags		
	abends		
6.	morgens		
	mittags		
	abends		
7.	morgens		
	mittags		
	abends		
	Beobachtungen gesamt		

Die Bauchübung

**Leitsatz: Sonnengeflecht strö-
mend warm!**

Wir haben das Sonnengeflecht (Solarplexus) vorn bereits beschrieben (siehe
Seite 24). Es spielt eine große Rolle
bei der Übermittlung unserer Gefühls-
regungen. Mit der Beeinflussung des
Sonnengeflechts wirken wir direkt auf
unsere Gefühle ein. Das erfolgreiche
Üben der Bauchübung bringt automatisch eine harmonische Gemütsverfas-
sung mit sich. Durch die bewußte Gedankenkontrolle haben wir hier also eine Möglichkeit, unsere Gemütsverfas-
sung zu stabilisieren und zu harmoni-
sieren!

Sollten Sie Schwierigkeiten bei der
Wahrnehmung der Wärme haben, können Sie sich vor Beginn der Übung
ein elektrisches Heizkissen über den
Magen legen und es auf kleinster Stufe
einschalten. Bis Sie zu der Bauchübung kommen, hat es sich erwärmt
und vermittelt Ihnen das gewünschte
Gefühl.

Bitte benutzen Sie diese Hilfestellung
nur zwei- bis dreimal und führen Sie
die Übungen dann ohne Hilfsmittel
durch!

Wenn Sie mit der einen oder anderen
Übung nicht gleich Erfolg haben, bedenken Sie, daß auch eine schlechte
Angewohnheit ihre Zeit braucht, bevor
sie uns auffällt, weil wir sie dauernd
praktizieren. So braucht auch das Einüben neuer, erwünschter Angewohn-
heiten seine Zeit.

Bitte richten Sie für die Wahrnehmung
der Wärme aus dem Sonnengeflecht
Ihre Aufmerksamkeit auf das Zentrum
Ihres Körpers, ungefähr in der Mitte
Ihres Bauches, also dort wo der Magen
sitzt.

Die Durchführung der Übungen bis zur Bauchübung:

1. Vorübung: Punktsehen und Atem fließen lassen

2. Ich bin vollkommen ruhig!
(einmal)

3. Der rechte Arm ist ganz schwer! (sechsmal)

4. Ich bin vollkommen ruhig!
(einmal)

5. Der rechte Arm ist strömend warm!
(sechsmal)

6. Ich bin vollkommen ruhig!
(einmal)

7. Atem ruhig und gleichmäßig!
(sechsmal)

8. Es atmet mich!
(einmal)

9. Ich bin vollkommen ruhig!
(einmal)

10. Das Herz schlägt ruhig und regelmäßig! (sechsmal)

11. Ich bin vollkommen ruhig!
(einmal)

12. Sonnengeflecht strömend warm! (sechsmal)

13. Ich bin vollkommen ruhig!
(einmal)

14. Ihre Affirmation (sechs- bis dreißigmal)

15. Die Rücknahme:
Arme fest, tief atmen, Augen auf!

16. Erfahrungen in die Checkliste eintragen und abzeichnen

Leben heißt lieben!

Checkliste Bauchübung

5. Übungswoche von .... *bis* ....

	Tage	Bemerkungen/Erfahrungen	Unterschrift
	morgens		
1.	mittags		
	abends		
	morgens		
2.	mittags		
	abends		
	morgens		
3.	mittags		
	abends		
	morgens		
4.	mittags		
	abends		
	morgens		
5.	mittags		
	abends		
	morgens		
6.	mittags		
	abends		
	morgens		
7.	mittags		
	abends		
	Beobachtungen gesamt		

Die Kopfübung

Leitsatz: Stirn angenehm kühl!

Die Erziehung in unserer heutigen Gesellschaft führt dazu, daß die meisten Menschen mehr oder weniger „kopflastig" sind. Wir denken zu viel. Das soll heißen: Wir verwenden zu viel und zu oft unsere linke, rationale Hirnhälfte (den Verstand!) und zu wenig unsere rechte Hirnhälfte (die Intuition). Es kommt immer wieder vor, daß wir Probleme nicht gleich angehen können oder wollen, zum Beispiel weil wir denken, daß uns die Kraft dazu fehlt. Dann neigen wir dazu, diese Probleme in unserem Kopf zu wälzen.

Sobald aber eine Konfrontation mit einer Situation, einem Menschen oder einem Problem auftaucht, stellt unser Körper eigentlich die notwendige Energie bereit, um diese Aufgabe zu lösen. Schreiten wir dann nicht zur Tat, sondern denken ständig darüber nach, fließt diese Energie in unseren Kopf. Das Problem verlagert sich in unseren Gefühlsbereich (Zwischenhirn) oder in unser Denken – ins Großhirn.

Verdrängte Ängste, Probleme und nicht ausgelebte Gefühle führen so direkt zu Migräne, Kopfschmerzen sowie nervösen Schmerzen unterschiedlichster Art. Diese inneren Belastungen werden noch dadurch verstärkt, daß unsere beiden Großhirnhälften ungleichmäßig trainiert sind. Das Großhirn wird einseitig auf Kosten des linken, rationalen Hirnteils überlastet, obwohl gerade die rechte, intuitive Hirnhälfte zum kreativen Problemlösen wesentlich besser geeignet ist! Die Kopfübung ist gut geeignet, um diese Disharmonie zu dämpfen und den ständigen, einseitigen Aktivitäten der linken Großhirnhälfte entgegenzuwirken. Sollten Sie am Anfang Schwierigkeiten mit der Wahrnehmung der Kühle haben, stellen Sie sich vor, daß ein kühler Luftzug weht oder daß jemand mit einem Schneeball sanft über Ihre Stirn streicht. Sie können sich auch einige Male zu Beginn der Übung ein kleines feuchtes Taschentuch auf die Stirn legen. Mit der Aufnahme der Kopfübung haben Sie dann das vollständige Programm des autogenen Trainings erlernt.

Das vollständige Übungsprogramm lautet:

1. Vorübung: Punktsehen und Atem fließen lassen.

2. Ich bin vollkommen ruhig!
(einmal)

3. Der rechte Arm ist ganz schwer! (sechsmal)

4. Ich bin vollkommen ruhig!
(einmal)

5. Der rechte Arm ist strömend warm! (sechsmal)

6. Ich bin vollkommen ruhig!
(einmal)

7. Atem ruhig und gleichmäßig!
(sechsmal)

8. Es atmet mich! (einmal)

9. Ich bin vollkommen ruhig!
(einmal)

10. Das Herz schlägt ruhig und regelmäßig! (sechsmal)

11. Ich bin vollkommen ruhig!
(einmal)

12. Sonnengeflecht strömend warm! (sechsmal)

13. Ich bin vollkommen ruhig!
(einmal)

14. Stirn angenehm kühl!
(sechsmal)

15. Ich bin vollkommen ruhig!
(einmal)

16. Ihre Affirmation (sechs bis dreißigmal)

17. Die Rücknahme:
Arme fest, tief atmen, Augen auf!

18. Erfahrungen in die Checkliste eintragen und abzeichnen!

Ich bin vollkommen glücklich, wohlhabend und erfolgreich!

Checkliste Kopfübung

6. Übungswoche von .... bis ....

	Tage	Bemerkungen/Erfahrungen	Unterschrift
1.	morgens		
	mittags		
	abends		
2.	morgens		
	mittags		
	abends		
3.	morgens		
	mittags		
	abends		
4.	morgens		
	mittags		
	abends		
5.	morgens		
	mittags		
	abends		
6.	morgens		
	mittags		
	abends		
7.	morgens		
	mittags		
	abends		
	Beobachtungen gesamt		

Die Kurzformel des autogenen Trainings

Damit sind wir am Ende des Grundkurses des autogenen Trainings angekommen! Sobald Sie alle Reaktionen sicher herbeiführen können, haben Sie nun die Möglichkeit, mit der Kurzformel zu üben:

1. **Ruhe** = (Vorübung)
2. **Schwere** = (Schwereübung)
3. **Wärme** = (Wärmeübung)
4. **Atem** = (Atemübung)
5. **Herz** = (Herzübung)
6. **Sonne** = (Bauchübung)
7. **Stirn kühl** = (Kopfübung)
8. **Ruhe** = (Affirmation)
9. **Arme fest, tief atmen, Augen auf!** (Rücknahme)

Bitte verwenden Sie die Kurzformel erst, nachdem Sie auch die Kopfübung wenigstens eine Woche trainiert haben und alle Wirkungen sicher eintreten! Lassen Sie sich genügend Zeit für jeden Punkt, bis die Wirkung auch sicher eingetreten ist. Um das vollständige Programm zu absolvieren, brauchen sie etwa zehn Minuten.

Ich bin der Meister meiner Welt!

Die Praxis der Affirmation

Affirmation heißt „Bejahung". Es handelt sich also um positive Formulierungen, mit denen Sie beginnen, Ihr Leben selbst zu steuern.
Im Unterschied dazu stehen die Erziehungsbefehle aus der Umwelt, vor allem in der Kindheit: „Tu dies – laß das!"
Ab jetzt wollen Sie Ihr Leben aber selbst bestimmen! Nutzen Sie also den günstigen Moment der Entspannung für Affirmation! Wie schon an anderer Stelle erläutert, führt Sie das autogene Training in einen Ruhezustand frühkindlicher Geborgenheit. Doch dieses Mal wählen Sie selbst die Prägungsbefehle für die weitere Entwicklung Ihrer Persönlichkeit aus! Jetzt geben Sie sich mit den Affirmationen selbst neue, erwünschte Programme ein, statt passiv Befehle aus der Umwelt zu empfangen! Welche Affirmation Sie wählen, hängt ganz von Ihnen selbst und Ihren Wünschen bzw. Lebensumständen ab. Allerdings müssen Sie bei der Formulierung gewisse Regeln beachten!
Affirmation müssen grundsätzlich positiv und in der Gegenwartsform (Präsens) formuliert sein, sie müssen den gewünschten Zustand genau erfassen, und sie müssen glaubhaft sein!
Falsch sind Formulierungen wie:
„Nie wieder ..."
„Ich möchte ..."
„Ich sollte ..."
„Ich werde versuchen ..."

Wenn Sie zum Beispiel unter Nervosität und Angstzuständen leiden, sollten Sie eine Affirmation wie:

Ich bin ruhig und gelassen!

wählen. Falsch sind Formulierungen wie:
„Nie wieder Angst!"
„Ich möchte angstfrei sein!"
„Ich sollte mich nicht aufregen!"
Ebenso falsch wäre eine unrealistische Zielsetzung, wie etwa bei einem aktuellen Einkommen von vielleicht DM 2000,– zu sagen:
„Ich bin Multimillionär!"
Richtig, weil machbar und realistisch, ist hier eine Formulierung wie:

Ich verdiene ab sofort das Doppelte!

Ein paar Beispiele für Affirmationen haben wir schon am Ende der jeweiligen Übungen vorgestellt, aber es steht Ihnen völlig frei, Ihre eigenen Formulierungen zu finden.
Wenn Sie mit Affirmationen arbeiten möchten, um Ihre Ziele zu realisieren, dann sind noch weitere Punkte zu beachten.
Der Inhalt Ihrer Affirmationen muß sich gefühlsmäßig gut erfassen lassen. Eine wirklich gute Wirkung erhalten Sie vor allem dann, wenn Sie bei der Affirmationsformel auch ein klares Bild im Kopf haben. Nur das, was Sie sich innerlich vorstellen können, kann auch Gestalt annehmen! Um die emotionale Wirkung zu überprüfen, ist es wichtig, daß

Sie sich in Gedanken, zum Beispiel direkt im Anschluß an das autogene Training, voll und ganz in den gewünschten Endzustand hineinversetzen. Gehen Sie mit Ihren Gedanken und Gefühlen ganz in die gewünschte Situation hinein!
Wie fühlt sich das an? Sie wollen vielleicht mit einem neuen Partner zusammenleben? Vielleicht haben Sie auch schon einen bestimmten Mann (Frau) im Auge? Können Sie sich das Leben an seiner (ihrer) Seite wirklich vorstellen? Und wenn ja, wie wird der Alltag verlaufen? Fühlt sich das gut an?
Das gleiche machen Sie mit jeder beliebigen anderen Zielvorstellung. Wenn Sie etwas Bestimmtes kaufen wollen, probieren Sie es in Gedanken aus, begutachten Sie die Angelegenheit von allen Seiten! Wenn Sie sicher sind, daß Sie das Ziel wirklich erreichen wollen, dann schließen Sie die Sache in Ihre Affirmation ein. Stellen Sie sich die Sache oder die Situation bildhaft vor! Je klarer das Bild in Ihrem Unterbewußtsein wird, desto sicherer ist der Erfolg! Je besser sich die innere Vorstellung auch gefühlsmäßig vorwegnehmen läßt, desto besser wird auch das Ergebnis sein.
Schließlich und letztlich sollten Sie ganz genau wissen, warum Sie das Ziel erreichen wollen! Ich habe es immer wieder erlebt, daß Menschen mit dieser Methode sehr schnell den gewünschten Erfolg herbeiführen konnten, um ihn anschließend wieder zu verscherzen. Wer sich mit dem Ziel seiner Wünsche nicht identifizieren kann, wird es

nicht erreichen, und wenn er es doch erreicht, wird er in der Regel enttäuscht sein. Eine bildhafte Vorstellung, das Ziel, die Gefühle und ein fester Wille sind hier ebenso erforderlich wie der Glaube, daß der angestrebte Zustand der richtige ist und auch wirklich erreicht werden kann! (Mehr zu diesem Thema finden Sie ab Seite 58.)

Die Indifferenzformel und die Steigerung

Nicht immer läßt sich alles positiv formulieren. Wenn Sie gerade krank sind und eine Affirmation wie: „Ich bin gesund!" nicht glaubhaft erscheint, dann beginnen Sie nach folgendem Schema:

1. Ziehen Sie einen Teil Ihrer Energie von dem Problem ab, indem Sie zum Beispiel sagen:

Krankheit ganz gleichgültig!

oder

Rauchen ganz gleichgültig!

2. Nach einigen Tagen gehen Sie über zur Steigerung:

Es geht mir von Tag zu Tag immer besser und besser!

3. Setzen Sie sich einen festen Termin, der glaubhaft ist und an dem sie wieder gesund sein wollen!

Ab nächsten Mittwoch stehe ich wieder auf!

Sie werden sehen, Ihr Körper akzeptiert diese Regelung und Sie können Ihren Plan einhalten!

Arbeiten Sie bitte immer nur mit einer Affirmation zur gleichen Zeit! Die beste Wirkung erzielen Sie, wenn Sie mit einer Affirmation sechs Wochen arbeiten! Ist das Ziel innerhalb von sechs Wochen noch nicht deutlich sichtbar eingetreten, resignieren Sie nicht! Ein unbekanntes Engramm verhindert hier die direkte Wirkung. Beenden Sie das Training mit dieser Affirmation keinesfalls entmutigt, sondern seien Sie sich bewußt:

Sie haben bereits alles Erforderliche getan!
Die Wirkung wird mit Sicherheit eintreten!

Es gibt zum Beispiel einen Vier-Monate-Prägerhythmus, der uns ziemlich genau alle 120 Tage in einen ähnlichen Zustand versetzt. Das heißt, ohne weitere Anstrengungen kann die gewünschte Wirkung in spätestens vier Monaten eintreten.

Wenn Sie nach spätestens 40 Tagen (sechs Wochen) die Affirmation ohne einen sichtbaren Erfolg beenden und nun mit einer anderen beginnen, werden Sie in der Mehrzahl der Fälle beobachten können, daß Ihnen schon nach wenigen Tagen Erinnerungen an Kindheitserlebnisse oder Unfälle, Operationen usw. kommen, die plötzlich klarwerden lassen, warum die Affirmation nicht direkt wirken konnte.

Seien Sie gewiß: Sie brauchen nichts weiter zu tun, Sie brauchen nicht wieder von vorne anzufangen. Die Wirkung wird nun bald eintreten! Ungeduld ist ein schlechter Ratgeber! In der Regel haben Sie viele Jahre mit den unerwünschten Störungen gelebt! Wie oft haben Sie sich darüber geärgert oder Kummer verspürt? Das Verhalten hat sich eventuell tief in Ihrem Unterbewußtsein eingegraben. Entsprechend länger kann die Löschung auch dauern.

Wir haben es hier mit einem Energiesystem zu tun, mit einem inneren Gleichgewicht. Und wenn die Waagschale des Kummers überläuft und tief zu Boden hängt, dann müssen wir sie entlasten (Indifferenzformel und Steigerung). Danach können wir die Schale der Lebensfreude mit einer passenden Affirmation auffüllen!

Der Einsatz von Kassetten

Natürlich ist es möglich, sich seine Affirmationen auf Tonband zu sprechen oder mit im Handel erhältlichen Suggestionskassetten zu arbeiten. Aber bedenken Sie, daß vielen Menschen ihre eigene Stimme fremd ist und sie sie nicht akzeptieren können. Arbeiten Sie darum am Anfang nur mit gedanklichen Affirmationen und nicht mit eigenen Tonbändern! Wiederholen Sie jede Affirmation mindestens sechsmal! Eine tiefergehende Wirkung wird erreicht, wenn Sie sie 30mal wiederholen. Wenn Sie abends darüber einschlafen, arbeitet die Formel im Traum weiter für Sie – ohne daß Sie noch viel tun müßten!

Beim Kauf von Suggestionskassetten achten Sie bitte darauf, daß der Inhalt wirklich einwandfrei ist! Leider enthalten viele Kassetten auf dem deutschen Markt noch immer Negativformeln. Wenn Sie diese falschen Affirmationen in Trance in Ihr Unterbewußtsein einprägen, sind sie kaum noch zu entfernen und werden zu einer echten Behinderung. Auf Grund solcher schlechten Erfahrungen habe ich ein eigenes, einwandfreies Kassettenprogramm entwickelt!

Ohne fachliche Anleitung, etwa im Rahmen eines Seminares und ohne Ausbildung sollten Sie mit der Eigenproduktion von Kassetten und ihrer Anwendung übrigens sehr behutsam sein, um negative Ergebnisse und psychische Störungen zu vermeiden!

Es liegt jetzt ganz bei Ihnen, es hängt nur noch von Ihnen selbst ab, wie konsequent und zielstrebig Sie Ihr Leben von nun an in Ihre Hände nehmen!

Psychokybernetik

Vorbemerkung

Wenn wir geboren werden, haben wir ein naives, kindliches Bewußtsein. Manche Menschen werden wohl nie ganz erwachsen, sie werden nur älter! Um aber erwachsen zu werden, muß sich unser Bewußtsein verändern. Wir müssen lernen, uns als individuelle Wesen zu begreifen. Das beginnt mit dem ersten: ICH! Von diesem Zeitpunkt an beginnt der Mensch, sich in der Gesellschaft mit anderen Augen zu sehen, er kommt in den Kindergarten und in die Schule. Er muß seine Rolle bestimmen, die er im Leben spielen will. Innerlich und unbewußt hat jeder von uns diese Entscheidung schon lange vorher getroffen, doch nun muß er sie in die Realität umsetzen und zum Ausdruck bringen. Er muß erkennen, wie die anderen sind, um zu prüfen, wer er selbst ist. Das ist nicht nur eine Frage des Egos, der Existenz, es ist eine Frage ständiger Realitäts- und Qualitätsprüfungen.

Diese Realitätsprüfungen werden vom Großhirn vorgenommen. Das Großhirn entscheidet auf Grund seiner Programmierungen, wie real oder irreal etwas für uns ist! Wenn Sie nun bei Ihrer Beobachtung der Umwelt, also dieser Realitätsprüfung, einen Punkt finden, der nicht paßt, der in Ihr Bezugssystem nicht einzuordnen ist, erzeugt das innere Spannungen. Wenn Sie einen Vorgang beobachten, für den es in Ihrem Gedächtnis noch keine Schublade gibt, dann wird innerlich Energie mobilisiert, um den Fall zu klären! Aber wenn irgendeines Ihrer Programme die Klärung verbietet, dann wächst innerlich die Spannung. Der betroffene Mensch weiß meistens selbst nicht, woher die Spannungen kommen. Er leidet nur darunter. Die Ursache ist generell in Verboten zu suchen, in schlechten Erfahrungen und Bestrafungen.

Das beste Beispiel ist die Sexualerziehung. Sicherlich ist den meisten Menschen klar, daß die Sexualerziehung in unserem Lande immer noch sehr zu wünschen übrig läßt. Viele Klienten kommen auf Grund solcher Probleme in meine Therapie, auch wenn sie es vorher nicht wissen oder nicht wahrhaben wollen. Wer schon als Kind dafür bestraft wurde, daß er seine Geschlechtsteile berührte, wird es später schwer haben, wenn er in Bezug auf sein Lusterleben eine Realitätsprüfung vornehmen will. Da sagen ihm zwar viele Menschen, Sex und Liebe seien aufregende und faszinierende Erlebnisse, doch er spürt nur eine dumpfe Angst und Schmerzen in den Händen! Er weiß vielleicht nicht mehr, daß er als Kind geschlagen wurde! Aber sein Körper weiß es noch! Wenn er sich dann doch auf einen Partner einläßt, werden die ersten Erlebnisse sicher problematisch sein. Es sind seine Instinkte, die ihn veranlassen, die Verbote zu ignorieren. Aber das ist der animalische Bereich in uns, nicht der erwachsene Mensch. Folglich liebt er auch nicht wie ein Erwachsener. Erst wenn es ihm gelingt – etwa durch autogenes Training –, die geheimen Spannungen abzubauen, ist er in der Lage, eine bewußte Realitätsprüfung vorzunehmen! Erst wenn die Spannungen abgebaut sind, kann er sein Bewußtsein verändern!

Wie glücklich oder erfolgreich wir sind, hängt wesentlich von unserer freien Entfaltung ab und davon, wie gut wir mit anderen Menschen umgehen können. Wir lernen im Leben wesentlich durch Nachahmung unserer Bezugspersonen und durch eigene Erfahrungen. Aber sind Sie damit zufrieden, so zu leben, wie es Ihre Großmutter vor 40 Jahren tat? Die Erziehungsmuster, die uns vermittelt werden, stammen im wesentlichen aus der Zeit der Großeltern! Denn Ihre Eltern ahmen unwillkürlich das Verhalten ihrer eigenen Eltern, das sie als Kind als Erziehung erlebt haben, nach. Natürlich, es hat sich im täglichen Leben seitdem viel geändert, und es stimmt wirklich, daß sich heutzutage die Dinge schneller entwickeln. Doch die Gefühlsmuster ändern sich langsamer, sie können mit der rasanten technischen Entwicklung nicht Schritt halten.

Mit Hilfe des autogenen Trainings werden Sie bald überall in Ihrem Bewußtsein, in Ihrem Gefühlsleben, in der Partnerschaft und im Beruf veraltete Muster erkennen. Fassen Sie sich in Geduld!

Sie haben sich für einen neuen Lebensabschnitt entschieden, als sie dieses Buch kauften. Es wird sich vieles sehr positiv verändern! Doch das braucht ein wenig Zeit.

Wenn Sie sich von den alten Erziehungsmustern lösen wollen, dann müssen Sie als erstes hier und heute bestimmen, wie Ihr Leben wirklich aussehen soll! überprüfen Sie also jetzt, da Sie zum Oberstufenteil kommen, Ihren eigenen Sozialisationsprozeß und bestimmen Sie Ihr Leben neu! Dafür ist dann die Psychokybernetik genau das richtige Mittel, der richtige Weg! Die passende *Affirmation* dazu lautet:

Ich habe ein klares Ziel, und ich habe die Kraft, um mein Ziel zu erreichen!

Die auf Seite 49f. beschriebene Affirmationspraxis ist bereits Teil der Psychokybernetik, denn hier nehmen wir bereits bewußt und willentlich Einfluß auf unser Unterbewußtsein, um auf diesem Wege unsere Ziele und Pläne zu realisieren.

Der richtige Zeitpunkt

Der Begründer des autogenen Trainings, Dr. J. H. Schultz, empfahl seinen Seminarteilnehmern und Patienten, sich wenigstens sechs Monate lang im autogenen Training zu schulen, bevor sie mit der Oberstufe – bei uns Psychokybernetik genannt – beginnen sollten. Als Härtetest ließ er neben dem Ohr eines Übenden einen Wecker klingen, um zu testen, ob er sich noch aus der Ruhe bringen ließ. Zur Vertiefung der Ruhigstellung empfahl er außerdem, mit geschlossenen Lidern auf das „Dritte Auge", also den Punkt zwischen Augenbrauen und Nasenwurzel, zu schauen. Der dadurch entstehende Zug auf die Sehnerven wirkt sich auf die Sehzentren im Gehirn aus. Diese mechanische Zugwirkung aktiviert zum einen die Hypophyse, und zum anderen bewirkt sie einen Reflex in der Formatio reticularis. Beides führt zu einer tiefen Ruhe, ähnlich dem Tiefschlaf. Trotzdem bleibt das Bewußtsein wach!

Wenn Sie möchten, können Sie diesen Blick auf Ihr Drittes Auge zur Vertiefung der Entspannung im Anschluß an die übrigen Übungen des autogenen Trainings ausprobieren, aber notwendig ist es für das von uns ausgearbeitete Übungsprogramm nicht. Es kann auch sein, daß Sie bei dieser Übung einschlafen. Lassen Sie sich davon aber nicht beirren und machen Sie weiter. Wenn sich Ihr Körper den erforderlichen Schlaf geholt hat, werden Sie die Übung bei vollem Bewußtsein miterleben!

Nach meiner Erfahrung brauchen Sie nicht sechs Monate zu warten, bis Sie mit der Oberstufe – der sogenannten Psychokybernetik – beginnen können. Es ist eigentlich ganz Ihnen selbst überlassen, wann Sie mit der Oberstufe beginnen. Wichtig ist nur, daß Sie vorher alle Grundübungen gut beherrschen. Nach meinen Beobachtungen sind die vorgegebenen sechs Wochen ausreichend, um das autogene Training zu erlernen.

Viele Menschen, die es angeblich nicht lernen konnten oder ungenügende Wirkungen verspüren, haben entweder schlechte Lehrer gehabt (davon gibt es leider genug), oder sie wollen es gar nicht lernen, weil sie Gründe haben, ihre Krankheiten und Probleme zu behalten.

Vielleicht kennen Sie auch einen Menschen, der ständig von seinen Krankheiten erzählt, der geradezu ins Schwärmen kommt, wenn er wieder beim Arzt war. Was sollte ihm autogenes Training nützen? Er würde sich ja um allen Stoff bringen, mit dem er derzeit seinen Mitmenschen auf sich aufmerksam macht! Er will sich also gar nicht wirklich verändern.

Die Arbeit mit der Suggestionskassette

Psychokybernetik bedeutet ins Deutsche übersetzt, daß Sie die Fähigkeit erlangen, ihre Gedanken und Gefühle zu steuern. Das heißt, Sie sind nicht mehr hilflos oder ratlos, wenn Sie einmal deprimiert sind oder verärgert. Sie können nun etwas dagegen tun, Sie können ihre Stimmung verbessern. Das ist eine wunderbare Sache!

Nun können Sie also aufbauend auf dem autogenen Training mit Hilfe der Psychokybernetik Einfluß nehmen auf Ihr Unterbewußtsein.

Die auf der Seite 2 „Quell des Lebens" verwendeten Bilder und Symbole werden Ihnen helfen, Ihre innere Welt besser kennenzulernen. Aus der Forschung und Therapie wissen wir, daß alle Traumsymbole eine bestimmte Bedeutung haben. Das Motiv des Baches (Quell des Lebens) bringt Sie in Verbindung mit Ihrer inneren Lebenskraft und gibt Ihnen bald auf wundervolle Weise neue Vitalität. Außerdem lernen Sie, über die weiße Wand mit Ihrem Unterbewußtsein zu kommunizieren. Sie können nun Ihrem Unterbewußtsein Fragen stellen und Antworten erhalten. Aber Sie sollten sich an dieser Stelle nicht weiter mit Theorie belasten, sondern erst eine Weile mit der Suggestionskassette arbeiten, bevor Sie sich intensiver mit Wirkungsweise und Hintergründen beschäftigen.

Für die Psychokybernetik arbeiten Sie also von Anfang an mit der Kassette, und zwar mit der Seite 2 „Quell des Lebens". Natürlich gehören die Übungen des autogenen Trainings weiterhin zu Ihrem täglichen Programm, das dann so aussieht:

Üben Sie von nun an jeden Morgen mit der 1. Seite der Kassette (autogenes Training), mittags im Betrieb oder vor dem Mittagessen daheim üben Sie das autogene Training ohne Kassette in der Kurzfassung, und abends benutzen Sie vor dem Schlaf die Seite 2 mit dem „Quell des Lebens". Auf diese Weise arbeiten Sie mit den verschiedenen Formen zugleich. Welche Körperposition Sie dabei einnehmen, bleibt Ihnen selbst überlassen.

Da die Kassette alle notwendigen Informationen enthält, beschränken wir uns hier auf einige allgemeine Hinweise zu dem Gebrauch der Seite 2 „Quell des Lebens".

1. Sorgen Sie dafür, daß Sie für eine halbe Stunde allein und ungestört sind.

2. Achten Sie darauf, keine beengende oder unbequeme Kleidung zu tragen.

3. Wenn Sie gute, nicht störende Kopfhörer haben, benutzen Sie sie. Das hilft Ihnen zusätzlich abzuschalten.

4. Lassen Sie sich ganz von den Suggestionen der Kassette leiten, aber machen Sie sich keine Gedanken, wenn Sie zunächst Probleme haben, die Farben und Bilder vor Ihrem inneren Auge zu sehen. Seien Sie gewiß: Ihr Unterbewußtsein hat alles verstanden, Sie brauchen sich nicht anzustrengen.

5. Geben Sie sich in den ersten Übungswochen noch keine Anweisungen! Ihr langfristiger Erfolg hängt davon ab, daß Sie sich am Anfang Zeit lassen und eine breite Basis schaffen! Lernen Sie in dieser ersten Zeit, ein guter Beobachter zu sein! Nutzen Sie am besten die weiße Wand im „Quell des Lebens" zur Verstärkung Ihrer Affirmationen, die Sie schon kennen! Machen Sie nicht zu viel auf einmal!

6. Üben Sie regelmäßig morgens und mittags autogenes Training und abends Psychokybernetik, und die Wirkung wird mit Gewißheit bald eintreten. Nach Beendigung dieses Programmes können Sie sich dann weiteren Aufgaben zuwenden. Auch das Kassettenprogramm sollten Sie über vierzig Tage hinweg üben!

Vom Umgang mit Wünschen

Jetzt beginnt die eigentliche Psychokybernetik! Jetzt haben Sie Grundlagen geschaffen, auf denen Sie sicher aufbauen können. Sie werden bald entdecken, daß sich jetzt eine nahezu unglaubliche Welt vor Ihnen auftut. Psychokybernetik kann übersetzt werden als „Steuerung unseres Seelenlebens, unserer Gedanken und Gefühle". Der Begriff „Psychokybernetik" tauchte bereits in den dreißiger Jahren auf, wenige Jahre nachdem Schultz sein autogenes Training der Öffentlichkeit vorgestellt hatte. Wer diesen Begriff als erster prägte, ist nicht mehr genau nachzuvollziehen. Er bezieht sich jedenfalls auf die weiterführenden Möglichkeiten des autogenen Trainings mit der Oberstufe. Jetzt werden Sie zum Akteur, zur aktiv handelnden Person in den Welten Ihres eigenen Unterbewußtseins! Bisher waren Sie nur Beobachter. Sie haben inzwischen gelernt, sich selbst ruhigzustellen. Damit sind Sie nun empfangsbereit für die Botschaften, die von innen kommen, und Sie können Ihre Wünsche und Ziele auf direktem Wege an Ihr Unterbewußtsein weitergeben! Doch in dem Maße, wie Sie die Möglichkeit haben, Ihr eigenes Unterbewußtsein zu programmieren, in dem Maße müssen Sie unbedingt darauf achten, eine klare, ehrliche und eindeutige Haltung einzunehmen! Bitte machen Sie sich bewußt: Sie haben das Recht, Ihre eigenen Ideen und Interessen zu realisieren. Doch Sie haben kein Recht, es auf Kosten anderer zu tun! Achten Sie darauf, daß Sie Ihre Ziele aus eigener Kraft oder mit der freiwilligen Unterstützung durch andere erreichen, nicht aber durch eine Beeinflussung anderer gegen deren ausdrücklichen Willen!

Genau das ist das Gesetz des Karmas: Alles was Sie sich denken, kann dann auch geschehen. Wenn Sie aber andere einschränken oder übervorteilen, wird Ihnen das gleiche geschehen. Das Gesetz von Ursache und Wirkung gilt absolut. Es gibt keine Ausnahme.

Unsere Gedanken und Gefühle sind die Ursache aller Dinge, die in unserem Leben geschehen. Gerade deshalb sind wir auch dafür verantwortlich! Gerade deshalb müssen wir auch die Konsequenzen tragen! Achten Sie auch auf das, wovon Sie reden! In Zukunft sollten Sie nie mehr über irgend etwas jammern, was Ihnen oder einem andern in Ihrer Nähe passiert ist!

Als Unternehmensberater habe ich erlebt, daß drei von mir betreute Firmen ihren Umsatz innerhalb von einem Jahr um bis zu 50% steigern konnten. Einer der Firmenchefs nutzte seine gewonnenen Kräfte dazu, andere Menschen zu manipulieren, um immer größere Macht auszuüben. Ebenfalls innerhalb eines Jahres mußte er dann Konkurs anmelden.

Ein weiterer Firmenchef, der sehr genau über diese Zusammenhänge Bescheid wußte und selbst derartiges Training vermittelte, büßte, kurz nachdem er einen Kollegen bewußt übervorteilt hatte, einen Millionenauftrag ein. Mehrere seiner ehrgeizigen Pläne scheiterten, und er mußte sich in vielen Bereichen zurücknehmen.

Auf der anderen Seite gewannen einige Firmen, die von einem meiner Kollegen betreut wurden, Marktvorteile, die jedem Außenstehenden unglaublich erscheinen müssen.

Beachten Sie bitte, daß in jedem dieser Fälle aus der Unternehmensberatung das Training dem Individuum galt. Am Anfang stand stets die Idee, das eigene Leben erfolgreicher zu gestalten, die Gesundheit zu verbessern und mehr Freude am Leben zu haben.

Wenn Sie Ihr Training in der von mir beschriebenen Weise aufbauen, ist Ihnen der Erfolg sicher! Dann ist es gleich, ob Sie „nur ein kleiner LKW-Fahrer" sind, dessen Geschichte ich weiter vorn beschrieben habe, oder ob Sie eine Firma leiten und Ihren Marktanteil vergrößern wollen. Machen Sie sich bewußt, daß Sie durch die richtige Geisteshaltung niemandem etwas wegnehmen! In diesem Universum gibt es dermaßen viel Energie, daß die kleine Menschheit nicht einmal ein Promille davon verbrauchen kann!

Darum wird es auch möglich sein, jede Ihrer großartigen Ideen aus eigener Kraft und mit der Unterstützung durch andere zum Vorteil aller Beteiligten zu realisieren! Es ist genug Energie für uns alle da! Machen Sie sich bewußt: Wenn sie mit den Methoden der Psychokybernetik arbeiten wollen, dann müssen Sie auch daran glauben! Wenn Sie glauben, daß das alles Unfug ist, oder wenn Sie Zweifel haben, dann werden sich genau die Zweifel realisieren!

Wenn also etwas Schlimmes geschieht, fragen Sie sich lieber, statt zu jammern, warum es dazu kommen mußte, wodurch das Unglück ausgelöst wurde, wozu es vielleicht gut ist, was Sie oder andere daraus lernen können oder müssen usw.? In jedem Unglück steckt eine Lehre! Lernen Sie, die guten Seiten und die Lehren zu erkennen, die die Natur austeilt! Lernen Sie die Ursachen der Geschehnisse zu erfassen!

Aus diesem Grunde sollten Sie das folgende Kapitel „Gedankenkontrolle" besonders aufmerksam lesen.

Wirksame Affirmationen:

Ich erreiche mein Ziel aus eigener Kraft!
Ich liebe mich und meine Welt!
Alles, was ich brauche, fließt mir im Überfluß zu!

Gedankenkontrolle

Ziel der Gedankenkontrolle ist, daß Ihre Gedanken allmählich immer reiner, klarer und positiver werden.

Dazu bedarf es vor allem ständiger Aufmerksamkeit.

1. Beobachten Sie Ihre Gedanken. Wenn Sie positive Einstellungen erkennen, freuen Sie sich und verstärken sie nach Möglichkeit. Wenn Sie negative Einstellungen erkennen, freuen Sie sich ebenfalls! Nur was Sie erkannt haben, können Sie auch loslassen!

2. Beachten Sie dieses alte indische Sprichwort:

„Die Lotosblume kann nur die Herzen der Menschen erfreuen, wenn zuvor ihr Same in den Faulschlamm der tiefen Gewässer versenkt wurde. Aus dem Unrat der Tiefe zieht sie ihre Kraft und wächst empor zum Licht der Sonne. Das soll dein Gleichnis sein, meine Seele!"

3. In diesem Sinne: Wenn Sie sich duschen, waschen oder zur Toilette gehen, dann spülen Sie in Gedanken alle alten Angelegenheiten mit fort! Vielleicht machen Sie einen Reim, in dem Sie diese Reinigung zum Ausdruck bringen. Gedichte lassen sich leicht in der Erinnerung halten!

Aller Kummer, alle Sorgen
fließen fort und sind geborgen.
Aus dem Faulschlamm tief verborgen
kommt die Blüte schon für morgen.

4. Machen Sie sich bewußt:
Unsere Wahrnehmung läuft ständig. Wir registrieren alles! Aber was davon in unserem Leben reale Bedeutung gewinnt, entscheiden wir selbst durch unsere Aufmerksamkeit! Unsere Aufmerksamkeit ist die Energie, die die Dinge wachsen oder schwinden läßt!

Entscheiden Sie also gut, womit Sie sich beschäftigen!

Denken Sie als Beispiel einmal an einen Politiker. Wenn sich keiner mehr um ihn kümmert, löst ihn die Partei ab und stellt einen anderen an die Spitze! Er wird getragen von der Aufmerksamkeit der Wähler!

Genauso ist es mit den ausgewählten Gedanken! Wählen Sie also gut was Sie denken!

5. Affirmationen:

Ich entscheide, was in meinem Leben geschieht!
Ich wähle aus, was geschieht!
Meine Gedanken und Wünsche sind die Saat!

Und bedenken Sie:
Säen kann jeder, was er will! Nur ernten müssen Sie das, was Sie gesät haben! Wer Disteln sät, kann keine Sonnenblumen ernten!

Die weiteren Schritte

Wenn Sie sich konsequent an meine Empfehlungen gehalten haben, sind Sie jetzt schon zwei bis drei Monate im Training! Machen Sie sich das bewußt: Seit rund drei Monaten arbeiten Sie aus eigener Kraft und aus eigener Initiative an Ihrer Persönlichkeitsentwicklung! Das ist eine großartige Leistung! Drei Monate aktiver Einsatz für Ihre eigenen Interessen! Ich beglückwünsche Sie zu dieser Leistung, und ich wünsche Ihnen bei dieser Gelegenheit viel Freude und Erfolg bei Ihren weiteren Projekten!

Schon in den vergangenen drei Monaten werden Sie viele interessante Erfahrungen im Umgang mit Ihrer Psyche gemacht haben. Die nun kommende Zeit wird noch interessanter und aufregender sein. Keine Angst! Aufregung bedeutet hier, daß es bei dieser Entwicklung ständig etwas Neues zu entdecken gibt. So wird das Leben wieder interessant! Mit der Psychokybernetik beginnt für Sie eine faszinierende Reise in den inneren Raum, in die Dimensionen Ihres Unterbewußtseins und Ihrer Seele. Das ist die Ebene, über die wir alle mit dem kosmischen Bewußtsein in Verbindung stehen, die Ebene der Meditation, auf der Mensch und Gott sich verständigen können.

Wenn Sie einige Zeit mit der B-Seite der Suggestionskassette gearbeitet haben und sich in dieser Bilderwelt zu Hause fühlen, kommen wir zur nächsten Stufe der Psychokybernetik. Beschäftigen Sie sich nun einige Tage oder Wochen damit, in Ihrem Inneren das Bild einer bekannten Person auftauchen zu lassen! Es sollte eine Person sein, die Sie persönlich kennen und schätzen. Beraten Sie sich auf der Mentalebene mit dieser Person. Stellen Sie Fragen, diskutieren Sie Ideen, lassen Sie sich Antwort geben.

Auf dieser Stufe werden Sie lernen, eine andere Person innerlich zu betrachten. Sie lernen, diese Person mit anderen Augen zu sehen, wenn Sie ihr im Alltag wieder begegnen. Sprechen Sie aber nicht unbedingt mit diesem Menschen darüber. Nehmen Sie lediglich einen Beobachterstatus ein. Lernen Sie, Ihre und die Idee der anderen Person zu differenzieren!

Nachdem Sie mit einer bekannten Person den Dialog geführt haben, können Sie als nächstes eine imaginäre Person erscheinen lassen, die Ihnen wichtige Auskünfte geben kann. Bezeichnen Sie diese Person als Ihren inneren Ratgeber. Es sollte ein Mann sein, und er repräsentiert den männlichen Teil in Ihnen. Lassen Sie ihn auf der Wiesenlandschaft, am Quell des Lebens oder in einer beliebigen anderen Landschaft erscheinen!

Neben dem Mann nehmen Sie den Kontakt auf zu einer weiblichen Gestalt. Das soll der weibliche Teil von Ihnen sein. Sicher wissen Sie, daß wir von unserer biologischen Natur her männliche und weibliche Elemente in uns tragen und daß es zu Geschlechtsumwandlungen kommen kann. Zur männlichen Natur in uns gehört die Verstandesseite unseres Gehirns (linke Gehirnhälfte). Sie steuert äußerlich die ganze rechte Körperhälfte. Sie ist in der Regel verantwortlich für unser Verhältnis zur Außenwelt.

Unsere rechte Großhirnhälfte steuert die linke Körperseite. Sie ist unsere weibliche Hälfte, intuitiver, gefühlvoller, und unser Herz sitzt ja auch links. Diese weibliche Erscheinung in Ihrer Traumwelt können Sie als Ihre gute Fee bezeichnen. Von ihr können Sie sich führen lassen in allen Herzensfragen. Sie repräsentiert Ihre Intuition.

Lernen Sie, in dieser persönlichen Art mit Ihrem Unterbewußtsein zu kommunizieren. Nehmen Sie die Bilder ernst, freuen Sie sich darüber, sprechen Sie sich aus. Sie können diesen Phantomen Namen geben, und Sie können sie bei Bedarf herbeirufen! Sie sollten jedoch mit niemandem über Details dieser Arbeit sprechen, und Sie sollten diese Namen für sich behalten. Was wir uns hier erarbeiten, lief schon

in anderen Kulturen unter anderen Namen. Es ist ein Teil der Natur des Menschen, ein Teil seiner Naturverbindung. Auf diesem Wege entsteht eine magische Welt, in der alles möglich wird. Seien Sie dabei behutsam, achten Sie auf die Gedankenkontrolle und gehen Sie schrittweise vor. Achten Sie die Rechte und Interessen anderer, doch verleugnen Sie Ihre eigenen nicht! Der Grundsatz heißt:
Ich verletze niemanden! – Auch nicht mich selbst!
Die Affirmation hierzu lautet:

Es ist alles in Fülle da, und ich nehme mir meinen Teil davon!

Bei der Arbeit mit Ihrer inneren Stimme vertrauen Sie bitte stets der ersten Regung! Achten Sie auch immer darauf, woher diese innere Regung kommt. Mit der Zeit werden Sie lernen, ganz genau zu differenzieren. Manche dieser Regungen kommen aus unserem Kopf. Die sind nicht so wichtig für die Psychokybernetik. Andere kommen aus unserer Mitte, aus der Magengegend (Solarplexus) oder aus unserem Herzen. Das sind die wertvolleren, die bedeutsamen!
Machen Sie sich immer mehr mit den Situationen Ihrer Innenwelt vertraut. Schauen Sie zu, wie sich die Landschaft oder die Bilder wandeln. Konzentrieren Sie sich vorzugsweise auf Ihr Sonnengeflecht, und lassen Sie Fragen von dort aufsteigen. Nach den Fragen kommen die passenden, richtigen Antworten.

Üben Sie sich wiederum in Geduld! Fragen Sie bei Bedarf nach, legen Sie Papier bereit, um Antworten und neue Ideen zu notieren. Wenn Sie auf diese Weise einige Erfahrungen gesammelt haben, können Sie damit beginnen, Ihren inneren Ratgeber allmählich zu programmieren.
Im Prinzip gibt es nun keine Grenzen mehr. Die Grenzen werden sowieso nur von Ihnen selbst gesteckt! Tabus sind Grenzen, die andere hinter sich gezogen haben, um Nachfolgende zu behindern! Es lohnt sich, diese Grenzen zu überschreiten. Doch seien Sie dabei stets sehr aufmerksam, ehrlich zu sich selbst, und machen Sie sich klar: Wenn Sie andere dabei verletzen, müssen Sie es mitverantworten. Es gibt einfache Mittel und Wege, sich vorzustellen, wie Sie Ihre eigenen Ziele erreichen und Ihre Wünsche erfüllen, ohne dabei andere Wesen zu beeinträchtigen! Es ist wirklich genug für alle da!
Die Grenzen in dieser Innenwelt werden nur von unserer Erziehung und Fähigkeit bestimmt, mit diesen Kräften zu kommunizieren und mit ihnen umzugehen! Geben Sie darum am Anfang nur klare, einfache Befehle.
Beispiel:
„Ich habe dort, wo ich hinkomme, stets einen Parkplatz!"
Sobald Sie es glauben können, wird dieser Auftrag Realität. Wenn Sie diese Möglichkeit jedoch selbst anzweifeln, unruhig sind und deshalb etwas zu schnell fahren, kommen Sie vielleicht zehn Sekunden vor der Abfahrt eines anderen an, und Ihr Parkplatz ist noch

besetzt! Lassen Sie sich also ruhig Zeit! Es ist alles bereits für Sie vorbereitet. Sie brauchen nur zuzugreifen! Affirmation:

Ich realisiere meine positiven Pläne!

Ich weiß nicht, inwieweit Sie mit den neuen Ideen der Quantenphysik vertraut sind. Es würde auch zu weit führen, im Rahmen dieses Buches die entsprechenden Beweise führen zu wollen. Ich kann Ihnen jedoch sagen, daß Sie sich mit diesen Ideen und mit diesen Absichten in der besten Gesellschaft befinden. Die fortschrittlichsten Quantenphysiker, darunter der Nobelpreisträger Prof. Dr. Stephen M. Phillips, vertreten die gleichen Ideen. Diese Wissenschaftler gehen davon aus, daß in unserem Universum alles miteinander in Verbindung steht, daß zwischen allem, was existiert, eine Wechselwirkung besteht und daß sich folglich alles gegenseitig beeinflußt!
Bitte achten Sie also in Zukunft auf strikte Gedankenkontrolle (siehe auch Seite 58)! Denken Sie grundsätzlich positiv! Wenn etwas scheinbar Negatives auftaucht, erkennen Sie die Botschaft, die dahintersteckt! Manche Männer werden schwer krank, um später die Krankenschwester zu heiraten. Eine meiner Klientinnen bekam von Ihrem Mann von Anfang an vorgehalten, daß sie unfähig sei, so daß sie nichts recht machen konnte. Ich arbeitete mit ihr dann einen ausgefeilten Plan aus, wie sie es dem Mann ganz genau recht

machen konnte. Schon nach einer Woche warf er sie hinaus, denn plötzlich war sie genau wie seine Mutter. Sein eigentlicher Wunsch war es gar nicht, daß sie ohne Fehl und Tadel war, sondern er brauchte gerade diese scheinbare Unzulänglichkeit seiner Frau, um sich über sie an seiner Mutter, von der er total abhängig war, zu rächen. Ein weiteres Beispiel dafür, wie wichtig es ist, daß Sie sich über Ihre Gedanken und Wünsche mit allen Konsequenzen klar werden, bevor Sie sie in die Arbeit aufnehmen.

Die Symbolwelt im „Quell des Lebens"

Zum Abschluß des Kapitels möchte ich Ihnen noch einige Hinweise zu den auftauchenden Traumsymbolen geben! Es gibt viele Traumdeutungsbücher. An jedem ist etwas Gutes dran, leider auch viel Fragwürdiges. Ich bin der Meinung, daß man jeden Traum aus der Situation des Träumers heraus erklären muß. Alles andere ist oberflächlich. Bestimmte Bilder oder Motive kehren jedoch immer wieder und können von der Tendenz her so erklärt werden:
Die im „Quell des Lebens" beschriebene Landschaft ist die innere Bühne Ihres Lebens. Der Quell selbst ist der Strom Ihrer Lebensenergie. Achten Sie darauf, ob er klar und rein sprudelt. Wenn nicht, dann reinigen Sie ihn in der Psychokybernetik! Es ist ganz wichtig für Ihr Leben und für Ihre Ge-

sundheit, daß Ihre innere Landschaft frisch und gesund ist!

Der in dieser Landschaft auftauchende Berg ist Ihre eigene Persönlichkeit. Weitere Berge, die vielleicht vorhanden sind, drücken den Einfluß fremder Personen aus, zum Beispiel Ihrer Eltern. Klären Sie gegebenenfalls ab, wer das ist und ob die Einflüsse gut sind. Anderenfalls räumen Sie in der Trance diese Berge aus der Landschaft, bis alles Ihren eigenen Vorstellungen optimal entspricht!

Wenn ein Haus auftaucht, ist das ebenfalls ein Bild Ihrer Persönlichkeitsstruktur. Untersuchen Sie es aufmerksam!

Tiere, die in dieser Landschaft erscheinen, sind geheime Bezugspersonen. Versuchen Sie zu analysieren, wer es ist! Es können auch Bilder Ihrer inneren Freunde auftreten, die Ihnen helfen wollen und können!

Ein See, ein Meer, ein Ozean sind Zeichen des tieferen Unbewußten. Sie können unbeschadet hineingehen und weitere Erfahrungen sammeln. Ein Jungbrunnen dient – ähnlich wie der Quell des Lebens – der Regeneration und steht mit unserem Solarplexus in Verbindung.

Wälder und Höhlen liefern uns Bezüge zu archaischen Erinnerungen aus der Entwicklungsgeschichte des Lebens auf der Erde. Sie können in Verbindung stehen mit unseren Instinkten, Sex, Erotik und Gewalt. Vulkane sind Zeichen geheimer Aggressionen. Lassen Sie einen Vulkan bewußt ausbrechen. Hinterher reinigen und regenerieren Sie Ihre Welt! Sie werden sich danach im Alltagsleben wesentlich gesünder und frischer fühlen!

Zur Sicherheit können Sie in Ihre geheime Innenwelt eine magische Lampe und einen Zauberstab mitnehmen. Mit diesem Wunderwerkzeugen können Sie jede bedrohliche Erscheinung in einen Freund verwandeln. Die Wunderlampe verwandelt mit ihrem Licht alles in Liebe und Harmonie.

Nun werden Sie vielleicht an Märchen und an Aladin mit der Wunderlampe erinnert. Gewiß, die Welt der Psychokybernetik ist die Welt der Märchen und Träume. Sie hat ihre eigenen Gesetze, die es zu erkennen gilt – und sie funktioniert!

Affirmation:

Ich habe den Mut zu großen Taten und die Kraft, um diese Taten zu vollbringen!

Mögliche Störungen

Beachten Sie bitte, daß im Laufe des Trainings mit der Psychokybernetik auch Störungen auftreten können. Wenn Sie bei ihren Programmierungen alte, unbewußte Tabus verletzten, die man Ihnen in Ihrer Kindheit beigebracht hat, dann kann es sowohl zur Entladung kommen, wie beim autogenen Training beschrieben, als auch zu inneren Spannungen und erneuten Blockaden. Es kann sein, daß irgendwelche Übungen plötzlich nicht mehr richtig funktionieren. Es können sogar psychosomatische Störungen auftreten.

Das ist dann ein klarer Fall von innerer Blockade. Derartige negative Programme, die unsere Handlungen beeinflussen, ohne daß wir es wissen, bezeichnen Fachleute als Engramme (eingeprägte Programme).

Wenn Sie das Gefühl haben, mit einer bestimmten Aufgabe nicht voranzukommen, wenn Sie sich irgendwie im Kreis drehen, dann kann das an einem solchen Engramm liegen. Es sagt Ihnen sinngemäß: „Hier, in dieser Richtung, darfst du nicht weitergehen, sonst bist du in Gefahr oder du wirst bestraft!"

Ursache der Engramme sind immer negative, schmerzliche Erlebnisse in der Vergangenheit, zumeist in der eigenen Kindheit. Denken Sie etwa an den Fall des Mädchens im Park von Seite 17.

Sollten Sie mit so einer Situation konfrontiert werden, kann es sein, daß Sie Hilfe von einem erfahrenen Therapeuten brauchen. Bei den Vorkenntnissen und Fähigkeiten, die Sie sich mit dem autogenen Training und der Psychokybernetik erarbeitet haben, lassen sich solche Engramme meistens recht schnell und endgültig klären. Wenn Sie sichergehen wollen, dann schreiben Sie mir (Adresse siehe Seite 8).

Engramme beeinflussen alle unsere Handlungen, ohne daß wir überhaupt wissen, daß sie existieren! Engramme werden der Situation gemäß in einem bestimmten Teil des Körpers gespeichert. Engramme können nur an ihren Auswirkungen erkannt werden. Eine Person begeht zum Beispiel immer wieder denselben dummen Fehler, obwohl sie es besser weiß! Warum nur?

Um diese Zusammenhänge noch klarer zu machen, hier noch ein typischeres Beispiel:

Frau S. kam zur Beratung und klagte über Schlafstörungen und eine ständige innere Unruhe. Sie schlief nur in kurzen Etappen und zu wenig. Im Haushalt war sie nervös und machte viele kleine, sinnlose Fehler. Sie fühlte sich von ihren kleinen Kindern total überfordert, speziell von der Tochter. In der Beratung ergab sich, daß die Störungen begonnen hatten, als die kleine Tochter mit etwa eineinhalb Jahren zu laufen begann. Eigentlich waren da beide Kinder aus dem Gröbsten raus! Die Tochter war das zweite Kind. Jetzt war der Junge acht und das Mädchen sechs Jahre alt.

Obwohl die Kinder eigentlich immer leichter zu versorgen waren, steigerte sich Frau S. immer mehr in ihre Schlafstörungen hinein. In diesem Zustand hatte sie keine Lust mehr, mit ihrem Mann zu schlafen, und der hatte inzwischen eine Freundin. Da die Aussprache keine weiteren Ergebnisse brachte, machten wir einige Rückführungen.

Da Frau S. an der Volkshochschule schon autogenes Training gelernt hatte, fiel es ihr leicht, unter meinen Anweisungen in die Ruhigstellung zu gehen. Mit einer speziellen Atemtechnik gingen wir auf die Suche nach ihren frühen Kindheitserinnerungen. Autogenes Training allein wäre nicht geeignet gewesen um ihren Fall zu klären. Ihre Ausbildung war nicht intensiv genug gewesen, und ihre persönliche Situation schon zu stark angegriffen.

Wir erforschten also ihre Kindheit nach den Ursachen. Die Resultate waren wieder einmal sehr aufschlußreich. Sie erinnerte sich kurzgefaßt an folgendes: Ihre Mutter hatte die Angewohnheit, den Vater mit dessen sexuellen Interessen sitzenzulassen. Sie war prüde erzogen und hatte wohl nur geheiratet, weil es sich so gehörte. Obwohl die Mutter keineswegs unter Schlafstörungen litt, behauptete sie immer, sie könne nicht schlafen. Sie sei müde und erschöpft! Folglich sei es eine Zumutung, daß ihr Mann auch noch mit ihr schlafen wolle! Frau S., damals selbst erst ein Kleinkind, bekam das natürlich alles mit. Sie registrierte einfach alles. Wie alle Kinder durchschaute sie die Spiele der Eltern.

Seien Sie versichert: Schon als Embryo im Mutterleib haben wir absolut alles registriert, was die Mutter erlebt hat. Im Alltag ebenso wie im Bett! Nichts geht verloren. Unser Sexualverhalten wird wesentlich vom Vorbild der Eltern in den ersten Lebensjahren geprägt, wenn die denken, das Kind verstehe noch nichts!

Wir „vergessen" es dann nur den Eltern zuliebe und spielen dieses Spiel mit! Nun, die Mutter von Frau S. schob also alles auf ihre eingebildete Schlaflosigkeit. Das war die Familienroutine. Im Alter von eineinhalb Jahren, als meine Klientin gerade laufen lernte, stieß sie ungeschickt mit der Mutter zusammen und stürzte eine Treppe hinunter! Das Kind schrie vor Angst und Schmerz und schlug sich den linken Unterarm wund.

Die Mutter sprang erschrocken hinterdrein und riß das Kind in ihre Arme. In ihrem Schreck über den Vorfall hatte sie ein schlechtes Gewissen. Ihre Nachlässigkeit war zumindest mit schuld an dem Unglück! In ihrer Angst griff sie zu ihrer Standardausrede und rief: „Das kommt davon, daß ihr mich nie schlafen laßt! Seit du da bist, habe ich ja keine ruhige Minute mehr!" Sie schob also dem Kind die Schuld zu! Das Kind weinte vor Schmerzen. Der linke Arm war verletzt. Unbewußt konnte es gar nichts anderes tun, als den Vorwurf der „erwachsenen" Mutter zu glauben! Die Eltern sind für ein Kind die einzigen Vorbilder und eine starke Autorität. Derartige Sprüche haben den Charakter eines Auftrages, eines Befehls! So wurde der Spruch mit dem Schmerz im linken Arm verbunden und somatisiert: Ein Engramm war geprägt worden!

Kurz danach war die Geschichte vergessen. Kinder vergessen schnell. Sie wollen leben! Natürlich wurde weiterhin von Mutters Schlaflosigkeit geredet. Sie machte auch gar nicht den Versuch, sie zu kurieren, Für Frau S. hatte diese Ausrede nun eine andere Qualität bekommen. Doch solche Engramme müssen erst geweckt werden, um zu wirken. Der Körper merkt sich den Vorfall sozusagen vorsorglich. Erst wenn noch einmal etwas sehr Ähnliches passiert, beginnt das Engramm zu wirken. Der Sinn dieser Engramme liegt wohl auf der Instinktebene. Ohne Zeit mit Nachzudenken zu verschwenden, sollen sie uns vor erneuten Gefahren und

Unfällen schützen. Leider sind diese Mechanismen bei uns Kulturmenschen nicht mehr so effektiv und erfolgreich wie bei Tieren oder Naturmenschen! Als wir in der Rückführung diesen Punkt erreicht hatten, begann Frau S. der linke Unterarm wieder zu schmerzen, obwohl die Geschichte schon 30 Jahre zurücklag. Es wurde immer schlimmer. Ich bat sie, ganz in diesen Schmerz hineinzugehen und ihn jetzt nicht zu verleugnen! Das ist der einige Weg, die Ursache zu erfahren und das Engramm zu fassen! Diese Schmerzen entstehen durch eine nervliche Induktion. Es ist nur eine Schmerzerinnerung! Doch sie ist in diesem Moment sehr real.

Frau S. begann heftiger zu atmen, der Schmerz wurde stärker, und unwillkürlich schluchzte sie auf – wie damals als Kind nach dem Sturz von der Treppe! doch dann änderte sich plötzlich die Szene, die sie innerlich wahrnahm. äußerlich änderte sich ihr Gesichtsausdruck. Sie berichtete mir, daß sie sich plötzlich als Mädchen von 16 Jahren sah. Sie hatte gerade die Schule abgeschlossen und war von der Abschlußfeier mitten in der Nacht angetrunken nach Hause gekommen. Die Mutter hatte in dieser Nacht tatsächlich kein Auge zugetan. Sie war zutiefst empört über das Verhalten ihrer bis dato wohlbehüteten Tochter! Sie schrie auf die Tochter ein. Unter anderem wieder einmal ihren Standardslogan: „Deinetwegen habe ich kein Auge zugetan! Keine ruhige Minute hat man mit dir!" Sie schlägt nach der Tochter. Die Tochter hebt den linken Arm, um den Schlag

abzuwehren. Der Schlag trifft den linken Unterarm. Das Engramm ist bestätigt worden. Es ist gelöst! Es lautet sinngemäß: „In der Nacht tue ich kein Auge zu – sonst verletze ich mich am linken Arm, falle die Treppe hinunter, meine Mutter schlägt mich, bestraft mich, ich bin ein böses Kind von einhalb Jahren, das seiner Mutter den Schlaf raubt." Bitte erwarten Sie bei derartigen Engrammen keine Logik! Das sind irrationale Instinktleistungen! Doch zurück zur Geschichte von Frau S. Da sie zu diesem Zeitpunkt schon 16 Jahre alt war und sich langsam von daheim löste, blieb nur die Botschaft, daß „kleine Mädchen von eineinhalb Jahren ihrer Mutter den Schlaf rauben", erhalten.

Als ihr erstes Kind geboren wurde, war es ein Junge. Da sie sich schon recht weit von ihrer Mutter entfernt hatte, behielt sie die Ruhe. Das Engramm kam nicht zur Auswirkung. Als auch noch ein Mädchen geboren wurde, durchlief Frau S. nach und nach alle alten Erinnerungen aus ihrer eigenen Kindheit – um sie zu verarbeiten. Das ist ganz normal. Wir tun es alle!

Und als sie an dieses alte Engramm geriet, war es mit ihrer Ruhe vorbei. Um dieses Problem zu knacken, brauchte sie Hilfe von außen. Und da sie keine Ahnung von Engrammen hatte, mußte sie eine solche Rückführung machen.

Kurz nach der entscheidenden Sitzung war der Schmerz wieder verschwunden. Frau S. fühlte sich neu belebt! Sie wiederholte unter meiner Anleitung das autogene Training, begann nach einigen Wochen mit der Psychokybernetik und nahm so ihr Leben in eigene Hände. Sie gewann ein neues Verhältnis zu ihrem Mann, und die Familie kam ins Lot.

Zusammenfassung und Ausblick

Autogenes Training und Psychokybernetik können jetzt Ihre ständigen Begleiter sein. Zusammengefaßt verläuft die Entwicklung bis dahin:

1. Sie lernen das autogene Training Schritt für Schritt mit dem sechswöchigen Programm. Anschließend trainieren Sie mit der Kurzformel weiter, bis Sie auch damit jederzeit arbeiten können.

2. Sie praktizieren das autogene Training nach der Kurzformel, wann immer Sie es brauchen, mindestens jedoch einmal am Tag!

3. Sie lernen mit dem „Quell des Lebens" (Kassette Seite 2) Ihre innere Bühne kennen, auf der der Film Ihres Lebens, Ihrer Träume und Wünsche abläuft.

4. Sie lernen mit Ihrem inneren Ratgeber und mit Ihrer guten Fee zu sprechen. Die beiden Gestalten repräsentieren das männliche und das weibliche Element in Ihnen.

5. Im Gespräch mit Ihren beiden inneren Partnern lernen Sie, Aufgaben zu lösen und alte Probleme endlich zu beheben.

6. Behandeln Sie diese inneren Partner wie echte Menschen. Sie sind ein Teil

von Ihnen. Bedanken Sie sich bei ihnen für die Zusammenarbeit und für die Hilfe, die sie Ihnen geben können!

7. Geben Sie sich selbst nach Wunsch und Bedürfnis neue Programme ein. Dafür können Sie auch meine Trainingskassette „Tempel des Lichts" oder „Thule" verwenden.

Erkenntnis:

Was auch immer mir passiert – ich habe es selbst herbeigeführt!
Meine eigenen Gedanken sind die Ursachen aller Ereignisse, die mir begegnen!

Mit den geschilderten Aufgaben und Möglichkeiten sind wir keineswegs am Ende. Eine neue Welt hat sich aufgetan, und hier gibt es – wenn Sie wollen – noch sehr viel zu tun. Langweilig wird es bestimmt nicht.

Wenn Sie sich mit allen Ihren Wesenszügen und Eigenarten immer besser kennenlernen möchten, dann arbeiten und spielen Sie auf der Alpha-Ebene! Wenn Ihnen der Begriff Alpha-Training schon einmal begegnet ist, werden Sie wissen, daß „Alpha-Training" und Psychokybernetik identisch sind. Es sind nur andere Vokabeln für die gleiche Sache. Alpha-Training meint nur, daß Sie bei diesem Training in Ihrem Gehirn Alpha-Wellen erzeugen. Das ist normal beim autogenen Training.

Wie ich früher schon erwähnt hatte, ist der Aktivitätsbereich der Theta- oder Delta-Wellen noch wesentlich dynamischer und erfolgreicher. Wenn Sie den

Anweisungen in der gegebenen Art gefolgt sind, dann werden Sie jetzt bereits in der Lage sein, nicht nur auf die Alpha-Ebene zu gehen, sondern auf Theta- oder Delta-Niveau. (Tiefenschlafniveau). Trotzdem ist Ihr Bewußtsein hellwach! Bedenken Sie, was das bedeutet! Das gibt Ihnen die Möglichkeit zu aktiver Traumarbeit bzw. der Kontrolle über den Inhalt Ihrer Träume! Ja, – jetzt werden Ihre Träume wahr!

Entscheidend bei dieser Entwicklung sind und bleiben aber stets Ihre persönlichen Erfahrungen, Ihr persönliches regelmäßiges Training mit der Psychokybernetik! Machen Sie sich noch einmal klar, daß jeder Gedanke, jedes Gefühl bestimmte Reaktionen zur Folge hat. Nicht nur in Ihrer eigenen Wahrnehmung, sondern auch in der anderer Menschen, mit denen Sie sich beschäftigen oder auch in dem Ding, mit dem Sie sich befassen.

Die alten Yogis in Indien definieren ganz klar, daß zwischen dem beobachteten Objekt und Ihnen, dem Beobachter, eine Wechselwirkung entsteht. Interessanterweise sind heute die Quantenphysiker der gleichen Meinung. So treffen sich hier in unserer Zeit zwei große, bedeutsame Geistesrichtungen in der gleichen Erkenntnis der Naturvorgänge. Nur der verwendete Wortschatz weist Unterschiede auf.

Denke ich auch nur an einen Apfel mit der Absicht, ihn zu essen, dann beginnt nicht nur mein Mund mit der Speichelproduktion, sondern der Apfel stellt sich bereits darauf ein, daß er verspeist wird! (Daß Pflanzen wahrnehmen können

und meßbar unterschiedlich auf Reize reagieren, konnte die moderne Apparatewissenschaft inzwischen zweifelsfrei nachweisen!)

Das Wissen um die Direktheit dieser Interaktionen läßt nur eine Konsequenz zu! Es liegt in meinem Interesse, mein Bewußtsein immer mehr auszuweiten, ständig aufmerksam zu sein und meine Gedanken zu kontrollieren, sonst gleiche ich nur einem Bündel Instinktreaktionen, fremdbestimmt durch eine Fülle fremder (anerzogener) Programme, Gedanken, Gefühle und Umweltreize. Mit dieser Erkenntnis muß mir daran gelegen sein, mein Leben selbst bewußt zu kontrollieren.

Ihr Grundsatz sollte deshalb lauten:

Gedankenkontrolle – und das immer! Das ist das Ziel eines selbstbewußten Menschen! Stete Aufmerksamkeit ist der Preis meiner Freiheit!

Machen Sie sich nichts daraus, daß die Mehrzahl Ihrer Mitmenschen im Moment noch keine Kenntnisse dieser Zusammenhänge hat! Es dauert immer Jahrzehnte, bis sich derartige neue Ideen durchsetzen. Und viele Menschen wollen ja auch nicht unbedingt die Verantwortung für alle ihre Taten und Gedanken übernehmen! Es erscheint ihnen bequemer, einfach so weiterzuleben wie bisher!

Mit diesem Training und mit diesen Erkenntnissen nehmen Sie teil an einem großartigen Entwicklungsschritt, den die Menschheit gerade in diesem Moment vollzieht. Uralte asiatische Weisheitslehren treffen sich mit den neuesten Erkenntnissen westlicher Wissenschaftlicher. Das Zusammentreffen zweier so unterschiedlicher philosophischer Systeme setzt immer ungeahnte Kräfte frei!

Die moderne Wissenschaft hat in der Vergangenheit wohl in manchen Punkten versagt. Sie trägt die Verantwortung für die Umweltverschmutzung. Mit diesen neuen Bestrebungen und Erkenntnissen wird es möglich sein, eine neue Lebensweisheit zu begründen.

Seit ich weiß, daß es bereits zahlreiche Firmen gibt, in denen Yoga unterrichtet wird, in denen Meditationsräume eingerichtet werden, damit die Führungskräfte zu menschlicheren Lösungen kommen und vor allem sich selbst in der Meditation wieder als Menschen erfahren und nicht nur als Rädchen in einem großen Verwaltungssystem, habe ich gute Gefühle in bezug auf die Zukunft der Menschheit.

Wenn Sie über meine Ausführungen zu den Erziehungsmustern nachdenken, dann werden Sie feststellen, daß wir vom zeitlichen Ablauf her heute noch die geistigen Folgen (Engramme) der Kriegszeit verarbeiten. Die Belastungen unserer Eltern stecken noch in uns! Das mag vieles erklären. Hier und heute ist es in meinen Augen das Gebot der Stunde, positiv zu denken und aktiv an der Schaffung einer lebenswerten Zukunft mitzuwirken. Der erste Schritt zur Hilfe ist immer die Selbsterkenntnis. Genau das bringt Ihnen die Psychokybernetik!

Lassen Sie sich auf keinen Fall mitreißen von Ängsten um die Zukunft! Werden Sie in solchen Fällen nicht emotional. Seien Sie lieber sachlich, nüchtern, kritisch und prüfen Sie die nächsten Schritte zur Schaffung einer guten Zukunft! Fangen Sie stets wieder bei sich selbst an!

Wenn Sie meinen Ausführungen folgen wollen und glauben, daß die Psychokybernetik funktioniert, dann machen Sie sich klar: Wer ständig ruft „Der Wald stirbt!", tötet den Wald! Das sind mentale Befehle von Tausenden von Menschen. Das ist eine geballte negative Kraft!

Richtig muß es heißen „Wir helfen dem Wald!" oder „Wir pflanzen neue Bäume!" Untersuchungen in den siebziger Jahren in mehreren US-Forschungslabors haben eindeutig bewiesen, daß Pflanzen unsere Gedanken wahrnehmen! Wenn wir mit einem Lügendetektor die elektromagnetischen Wellen einer Pflanze messen, erkennen wir im Diagramm ganz genau, wen die Pflanze „mag" und vor wem sie sich „fürchtet"! Sie spürt es ganz genau, wenn Sie verspeist werden soll! Sie „freut" sich, wenn sie gegossen und gepflegt wird! Meine Orchideen blühen zum Beispiel zwei- bis dreimal im Jahr! Eine Klientin befreite sich in einer Therapie von vielen alten Ängsten und Problemen. Im darauffolgenden Halbjahr wuchs ein großer Säulenkaktus auf ihrem Schreibtisch in sechs Monaten ebenso viel wie zuvor in vier Jahren! Als ich seinerzeit keine Lust mehr hatte auf meine Aquarien, gingen die Pflanzen fast alle ein.

Dann übernahm meine Schwester die ganze Anlage. Innerhalb weniger Wochen wuchsen die Pflanzen nach. Ich dachte zunächst noch, es liege an den Lichtverhältnissen. Doch der Platz und die Einrichtung blieben unverändert. Als meine Schwester, die Spaß an der Sache hatte, die Verantwortung übernommen hatte, ging es den Pflanzen wieder gut! Sie müssen also irgendwie gespürt haben, daß sie nun wieder mit Liebe betreut wurden.

Es lohnt sich also, autogenes Training und Psychokybernetik zu einem festen Bestandteil Ihres Lebens zu machen!

Die Belohnung für diesen Schritt ist dauerhafte Gesundheit, Lebensfreude und Erfolg auf allen Ebenen Ihres Daseins!

Affirmationen:

Ich bin ein wundervolles menschliches Wesen!
Ich lebe in Glück, Wohlstand und Harmonie!
Ich liebe mich und meine Welt!
Mein Leben ist schön!
Jetzt fängt ein neues Leben an!
Ich genieße mein neues Leben!

Für Ihren weiteren Lebensweg wünsche ich Ihnen viel Erfolg und Lebensfreude mit der Anwendung des autogenen Trainings und seiner Oberstufe der Psychokybernetik!

Autogenes Training und Yoga

Anfangs habe ich erwähnt, daß Dr. J. H. Schultz das autogene Training aus der deutschen Hypnosetherapie in Verbindung mit Erkenntnissen aus dem Yoga und der japanischen Zen-Meditation entwickelt hat. Die Synthese westlichen und östlichen Wissens ist gerade im geisteswissenschaftlichen Bereich immer sehr fruchtbar gewesen. Bedenken Sie, daß unsere ganzen heutigen Naturwissenschaften entstanden sind aus arabisch-orientalischen Naturlehren, die im Mittelalter zu uns nach Europa kamen!

Prof. Dr. Langen, Schüler und Zeitgenosse von Dr. Schultz, hielt sich später auch mehrfach in Indien auf, um den Quellen des Yoga nachzuspüren.

Ich selbst habe seinerzeit Biotechnik studiert und war nach meinem Staatsexamen schon einige Jahre in Forschungsinstituten tätig, als mich persönliche Erkenntnisse veranlaßten, mit Kundalini-Yoga zu beginnen. Es war die entscheidende Wende in meinem Leben. Bald danach hatte ich auch noch Gelegenheit, bei einem japanischen Professor Zen-Meditation zu studieren.

Als ich Jahre später im Rahmen von Managementkursen zufällig mit dem autogenen Training bekannt gemacht wurde, integrierte ich es sofort in meinen Tagesablauf. Es bietet gerade einem verstandesmäßig orientierten Menschen die Möglichkeit, direkt und leicht in eine meditative Trance zu gehen.

Ich staunte nicht schlecht, als ich dann aus den Büchern über autogenes Training erfuhr, daß Dr. Schultz praktisch den gleichen Weg gegangen war. Medizin – Yoga – Zen. Bei mir war es Biologie – Yoga – Zen!

Da ein Teil der Wurzeln des autogenen Trainings also im Yoga zu suchen ist, will ich zum Abschluß dieses Buches die Wirkungen des autogenen Trainings auf die verschiedenen Chakren beschreiben.

Autogenes Training und seine Wirkung auf die Chakren

Bei dem, was indische Yogis oder Heiler als „Chakra" bezeichnen, handelt es sich um die Kräfte aus bestimmten inneren Drüsen, die maßgeblich an der Funktion und Gesunderhaltung unseres Körpers beteiligt sind. Insgesamt verfügt jeder Mensch über sieben Hauptchakren, die sowohl einen körperlichen (somatischen) wie seelischen (psychischen) Einfluß auf uns haben.

Die ayurvedische Medizin der alten Inder mag uns in mancherlei Beziehung fremdartig erscheinen. Bei genauerer Betrachtung kann sie uns jedoch zusätzliche Hinweise liefern, um schwierige oder unverständliche Krankheitsbilder aufzuklären.

Das erste Chakra

Zum ersten Chakra gehören die Prostata beim Mann und bei der Frau der Uterus. Das erste Chakra regelt unseren Überlebenstrieb, unsere Existenserhaltung. Wer aus dem ersten Chakra heraus lebt und handelt, braucht 10-12 Stunden Schlaf. Hauptinhalt seines Lebens sind Begierden und Notwendigkeiten. Diese Menschen schlafen die meiste Zeit auf dem Bauch. Sie haben Hemmungen und empfinden Unbehagen, wenn sie auf dem Rücken schlafen sollen. Bei Störungen in diesem Chakra kommt es zu Prostataproblemen, Hämorrhoiden, Verstopfung und Uteruserkrankungen.

Die Schwereübung des autogenen Trainings wirkt auf das erste Chakra.

Das zweite Chakra

Zum zweiten Chakra gehören die Geschlechtsdrüsen. Das zweite Chakra regelt unsere Fortpflanzung und alles, was mit Lust und Kreativität zu tun hat. Es ist die Ebene der Wünsche, der Freude und der Erregung. Menschen auf dieser Ebene schlafen zusammengerollt auf der Seite in Fötusstellung liegend für 8-10 Stunden. Störungen führen zu Erkrankungen der Fortpflanzungsorgane, Menstruationsprobleme, übersteigerter Geilheit oder völliger Mangel an sexuellem Interesse.

Hinzu kommen Lüste, ständig etwas Neues erleben zu wollen, ohne das Vorhandene richtig genießen zu können; eine weit verbreitete Problematik in unserer Zivilisation.

Sowohl die Schwere- wie auch die Wärmeübung des autogenen Trainings wirken auf das zweite Chakra.

Das dritte Chakra

Zum dritten Chakra gehört die Bauchspeicheldrüse. Das dritte Chakra ist das Zentrum unserer persönlichen Kraft, unseres Willens. Von hier kommen unsere Aggressionen und Ansprüche. Macht ist hier die zentrale Frage. Menschen auf dieser Ebene schlafen 6-8 Stunden pro Nacht auf dem Rükken liegend. Störungen auf dieser Ebene führen zu Erkrankungen der Bauchspeicheldrüse (Diabetes), der Leber und der Milz.

Die Wärmeübung des autogenen Trainings wirkt auf das dritte Chakra.

Das vierte Chakra

Zum vierten Chakra gehört der Solarplexus (Sonnengeflecht). Das vierte Chakra beschäftigt sich stark mit unserem Schicksal, mit der ausgleichenden Gerechtigkeit. Der Glaube ist die Kraft auf dieser Ebene. Menschen, die aus dem vierten Chakra heraus agieren, schlafen 5-6 Stunden pro Nacht vorzugsweise auf der linken Seite. Sie sind mit Fragen der Gerechtigkeit, des Glaubens und der Wahrheit beschäftigt. Typische Krankheiten sind psychosomatische Störungen, die aus einer Übersteuerung des Parasympathikus herrühren, wie Asthma sowie Herzprobleme, zum Beispiel Herzinfarkt.

Die Bauchübung des autogenen Trainings wirkt direkt auf das vierte Chakra; die Herzübung wirkt auf den beigeordneten Herzlotos. (Ein Lotos hat eine etwas andere Energiestruktur.)

Das fünfte Chakra

Zum fünften Chakra gehören die Schilddrüse und die Epithelkörperchen. Das fünfte Chakra ist das Zentrum der Selbsterkenntnis. Hier erkennen wir die tieferen Wahrheiten des Lebens und möchten sie mit anderen teilen. In diesem Entwicklungsstadium schlafen wir vorzugsweise 4-5 Stunden abwechselnd auf beiden Seiten. Aus diesem Zustand wird der wahre Mensch geboren. Typische Störungen sind Halserkrankungen, speziell Schilddrüsenerkrankungen, Mumps, Diphterie, Mandelentzündungen und Husten. Die Atemübung des autogenen Trainings hat Auswirkungen auf die Harmonisierung des fünften Chakras.

Das sechste Chakra

Zum sechsten Chakra gehört die Epiphyse (Zirbeldrüse). Im sechsten Chakra hat der Mensch das Bedürfnis, geistige Phänomene zu erfassen. Solche Menschen spüren des öfteren ein feines Singen in ihren Ohren. Sie sind mit philosophischen Fragen beschäftigt und schlafen in der Regel 4-6 Stunden pro Nacht in verschiedenen Positionen. Typische Krankheiten oder Probleme sind Kopfschmerzen, Unausgeglichenheit, Freßlust, um neue, ungewohnte Erkenntnisse wieder zu verdrängen, kurz: viele psychische Störungen unterschiedlichster Art. Im Grunde genommen sind diese Menschen aber alle gesund und leistungsfähig. Sie haben hohe Einsichten. Doch sie neigen dazu, ihre eigenen Einsichten wieder zu verdrängen, weil diese der eigenen Erziehung zuwiderlaufen. Darum werden sie manchmal krank, um ihr altes Weltbild zu erhalten.

Die Stirnübung des autogenen Trainings harmonisiert dieses Chakra.

Das siebte Chakra

Zum siebten Chakra gehört die Hypophyse (Hirnanhangsdrüse). Aus der medizinischen Forschung wissen wir, daß die Hypophyse die wichtigste Drüse in unserem Körper ist. Sie steuert über ihre Hormone das gesamte Stoffwechselgeschehen, Verdauung, Ernährungsverhalten, Temperaturempfinden und Sexualverhalten.

Im Yoga bezeichnet man das mit dem siebten Chakra verbundene Kraftfeld als den „tausendblättrigen Lotos". Es ist der Heiligenschein, der in der Bibel erwähnt wird, und wir finden eine Anspielung in dem deutschen Spruch „ihm geht ein Licht auf".

Wenn Sie die sechs Grundübungen des autogenen Trainings erfolgreich praktizieren, erzielen Sie einen positiven Einfluß auf die sechs unteren Chakren, vom ersten bis zum sechsten. Dafür brauchen Sie den festen Willen, die Übungen zu machen, und Konzentration.

Mit etwas Routine und durch die Hinzunahme der „vertieften Umschaltung" (Schultz), dem Schauen auf das Dritte Auge, können Sie dann eine Umschaltung vom sechsten auf das siebte Chakra bewirken. Das geht nur mit innerer Ruhe, mit Gelassenheit, indem Sie loslassen lernen. Und dann erfüllt Sie plötzlich ein tiefer innerer Frieden, Sie haben es geschafft! Durch die sechs Stufen des autogenen Trainings gelangen Sie schließlich über die vertiefte Ruhigstellung zu einem wundervollen Ruhezustand.

Das ist die wahre Ebene des Yantra-Yoga, die wir als Psychokybernetik bezeichnen. Hier ist die Ebene unserer phantasievollen Träume, hier können Sie „an der weißen Marmorwand" Ihr Leben planen und über das Leben philosophieren und mit Ihrem inneren Führer Zwiesprache halten.

Wenn es einem Menschen an Wissen und Ausbildung mangelt, mag ihm diese Berührung mit dem kosmischen Bewußtsein sinnlos oder gefährlich erscheinen. Das kann dazu führen, daß er sich ängstigt, in Illusionen flüchtet, Menschen meidet und zu viel ißt, um diese Visionen zu vertreiben. In der heutigen Zeit sind uns diese kosmischen Bezüge wieder sehr nahe gerückt. Viele Menschen haben teils bewußt, teils unbewußt im Traum solche Erkenntnisse. Das ist eigentlich nur der normale Zustand der Psychokybernetik. Durch autogenes Training und Psychokybernetik lernen Sie nun, mit den Bildern aus dem Unterbewußtsein umzugehen.

Auf dieser Ebene brauchen die Menschen kaum noch das übliche Quantum Schlaf, vorausgesetzt, es gelingt Ihnen, diese visionären Zustände positiv zu sehen. Wehren Sie sich jedoch gegen solche Erkenntnisse, brauchen Sie besonders viel Schlaf. Sie wälzen sich im Bett umher und liegen regelrecht im Kampf mit den offenbar werdenden Ahnungen und Visionen aus Ihrem Unterbewußtsein.

Dann verschwimmen manchmal die Grenzen zwischen Traum und Realität. Sie wissen nicht mehr klar, ob Sie wachen oder träumen. Das kann zu Gemütskrankheiten und psychosomatischen Störungen führen. Autogenes Training und Psychokybernetik sind die Garantie dafür, daß Sie mit derartigen Visionen umzugehen lernen. Wer Psychokybernetik übt, wird niemals an solchen Zuständen verzweifeln oder erkranken. Statt Verwirrung macht sich in Ihrem Leben Erkenntnis breit. Sie sehen sich selbst und das Leben auf dieser Erde mit anderen Augen. Sie stehen damit am Beginn einer neuen Entwicklungsphase. Sie lernen jetzt Ihre wahre Bestimmung kennen und Ihre wahren geistigen Fähigkeiten und Kenntnisse zu nutzen!

Energytraining

Das intensive Studium des autogenen Trainings und seine konsequente Anwendung haben mir viele wertvolle Erkenntnisse und Veränderungen gebracht, die ich heute in meinem Leben nicht mehr vermissen möchte. Daraus und aus meiner langjährigen Erfahrung mit dem Kundalini-Yoga und der Zen-Meditation entwickelte ich das Energytraining. In der Ausbildung zum Energytrainer vermittle ich allen Teilnehmern das autogene Training. Es schafft die Grundlagen und den richtigen Einstieg, um später zu erlernen, was Meditation wirklich heißt.

Das Energytraining entstand aus der Erkenntnis, daß es nicht reicht, nur den Geist zu trainieren, sondern auch der Körper Aufmerksamkeit und Pflege braucht. Wenn Sie also über die hier in diesem Buch geschilderten Methoden hinausgehen möchten, dann empfehle ich Ihnen, Energytraining zu erlernen und zu praktizieren! Es ist die konsequente, logische Weiterentwicklung aus allen genannten Methoden. Energytraining faßt das Wichtigste aus den verschiedenen Methoden zusammen und bietet es in einer Form an, die für den modernen Menschen geeignet ist.

In die von mir entwickelte Methode des Energytrainings fließen rund 15 Jahre praktischer Erfahrungen mit allen den genannten Methoden ein. Zusätzlich zum autogenen Training und der Psychokybernetik kommen beim Energytraining noch viele, sehr differenziert

wirkende Übungen, teils vom Kundalini-Yoga entlehnt, teils von mir selbst entwickelt, dazu. Sie geben uns die Möglichkeit, auf praktisch alle Krankheiten in der richtigen Weise einzuwirken. Körperliche Schwächen werden überwunden, Hormonstörungen beseitigt. Das schon vom autogenen Training her bekannte positive Lebensgefühl erfaßt nun noch stärker den ganzen Körper. Im Energytraining spielen Atemübungen eine sehr große Rolle. In diesem Punkt geht es ebenfalls weit über das autogene Training hinaus. Der Atem verbindet die Seele mit dem Körper. Durch Atemtechniken wirken wir direkt auf das seelische Gleichgewicht ein. Auch die im Energytraining verwendeten Meditationen bieten sehr differenzierte Möglichkeiten, das persönliche Wohlbefinden zu verbessern. Sie münden schließlich in stiller Zen-Meditation. Für viele Menschen wird dieses Buch und die Methode des autogenen Trainings bereits ausreichend sein, um jede Alltagsaufgabe besser zu lösen. Sie werden schon bald deutlich erfolgreicher sein! Ich kenne viele Geschäftsleute, die es mit Überzeugung und Begeisterung regelmäßig üben und damit ihren ignoranten Kollegen ständig einen Schritt voraus sind. Immer mehr entschließen sich jedoch, auch noch Energytraining zu machen, und erreichen damit eine Dynamik, die ihnen vorher unbekannt war!

Oft ist es ja so, daß ein Produkt oder eine Methode nur den richtigen Namen bekommen muß, um hier bei uns verkauft zu werden. Dr. Schultz prägte den technisch-deutschen Begriff des autogenen Trainings. Die Psychokybernetik klingt schon wissenschaftlicher. Doch der Inhalt der Psychokybernetik, seit 1936 in Deutschland bekannt, ist auch nichts anderes als eine bestimmte Yoga-Technik. Im indischen Yoga ist Psychokybernetik bekannt als Yantra-Meditation.

Yantra-Meditation verlangt vom Übenden, daß er in seinem Inneren Bilder erscheinen läßt, aus denen er seine Situation erkennen kann, mit denen er sich unterhalten und denen er Aufträge geben kann, um seine Ziele zu erreichen und seine Wünsche in Erfüllung gehen zu lassen.

Sie sehen, es ist alles schon dagewesen! Sicherlich leuchtet es ein, daß sich heutzutage mehr Menschen für Psychokybernetik interessieren lassen als für Yantra-Yoga. Das klingt fremd und schreckt viele Leute ab. Wie mag es da erst 1936 auf die Menschen gewirkt haben?

In dem Maße wie Sie lernen, die inneren Zusammenhänge richtig zu erkennen und zu nutzen, in dem Maße werden Sie auch immer stärker in den verschiedenen philosophischen Lehren die Gemeinsamkeiten entdecken und davon profitieren! Alle Menschen habe ihre speziellen Eigenarten, und darum braucht es unterschiedliche Methoden, um jedem einzelnen Menschen Entwicklungschancen zu geben! Wählen Sie den für Ihre eigene Entwicklung richtigen Weg und gehen Sie ihn mit Konsequenz! Die erforderliche Disziplin ist bei allen diesen Trainingsmethoden die gleiche. Ohne konsequente Selbstdisziplin und ohne Beharrlichkeit können Sie weder im autogenen Training noch im Yoga oder im Energytraining etwas erreichen!

Für Ihren weiteren Lebensweg wünsche ich Ihnen alles Gute, Erfolg und Lebensfreude.

D. Harald Alke

Literaturhinweise

Alke: Energytraining I., Anahata, 1988

Alke: Energytraining II., Anahata, 1989

Haken: Erfolgsgeheimnisse der Natur, Ullstein, 1984

Hill: Wunder, die Sie selbst vollbringen, Ariston, 1985

Hill: Denke nach und werde reich! Ariston, 1987

Leary: Spiel des Lebens, Sphinx, 1984

Lindemann: Überleben im Streß, Mosaik, 1979

Popp: Biologie des Lichts, Parey, 1984

Rosa: Oberstufe des AT, Fischer, 1983

Schultz: Das Autogene Training, Thieme, 1982

Toben: Raum/Zeit und ein erweitertes Bewußtsein, Synthesis, 1980

Topping: Stress, Release, Verlag für angewandte Kinesiologie, 1988

Wilson: Cosmic Trigger, rororo, 1985

Wittmann: Märchen als Lebenshilfe, Ansata 1987

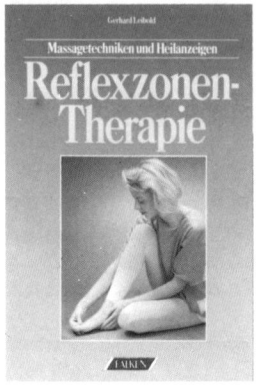

UNSER
TIP

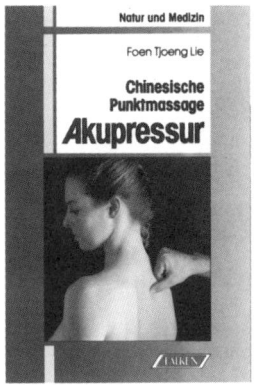

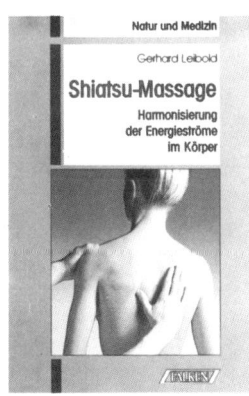

Chinesisches Schattenboxen
Tai-Ji-Quan
für geistige und körperliche
Harmonie
(0850) Von F. T. Lie, 120 S.,
221 s/w-Fotos, 9 s/w-Zeichn.,
Beilage: 1 s/w-Poster m. zahlr.
Abb., kart.,
DM 16,80, S 139,–, SFr 16,80

Akupressur zur Eigenbehandlung
(0417) Von G. Leibold, 112 S.,
78 Abb., kart.,
DM 9,80, S 79,–, SFr 9,80

Chinesische Punktmassage
Akupressur
(4419) Von F. T. Lie, 192 S.,
332 zweifarb. Abb., Pbd.,
DM 39,–, S 319,–, SFr 37,50

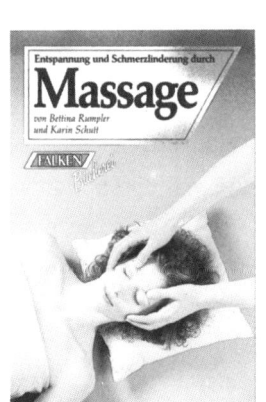

Shiatsu-Massage
Harmonisierung der Energieströme
im Körper
(0615) Von G. Leibold, 196 S.,
180 Abb., kart.,
DM 24,80, S 198,–, SFr 24,10

Entspannung und Schmerzlinderung
durch
Massage
(0750) Von B. Rumpler, K. Schutt,
112 S., 116 zweifarb. Zeichn., kart.,
DM 9,80, S 79,–, SFr 9,80

Die sanfte Art des Heilens
Homöopathie
Praktische Anwendung und Arznei-
mittellehre
(4418) Von J. H. P. Kreuter, 216 S.,
49 Zeichn., Pbd.,
DM 29,80, S 239,–, SFr 28,80

Der Spezialist für nützliche Bücher.

UNSER TIP

Naturkosmetik
Die Grundlagen gesunder und natür-
licher Hautpflege
(1080) Von N. E. Haas, 120 S.,
63 Farbabb., kart.,
DM 19,80, S 159,–, SFr 19,80

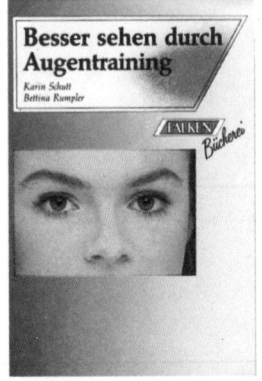

Besser sehen durch Augentraining
(0914) Von K. Schutt, B. Rumpler,
96 S., 32 Zeichn., kart.,
DM 9,80, S 79,–, SFr 9,80

Rheuma
auf natürliche Weise behandeln
und lindern
(0836) Von G. Leibold, 96 S., kart.,
DM 9,80, S 79,–, SFr 9,80

Heilfasten
Entschlacken · Regenerieren ·
Abnehmen
(0713) Von G. Leibold, 96 S., kart.,
DM 9,80, S 79,–, SFr 9,80

Besser leben durch Fasten
(0841) Von G. Leibold, 96 S., kart.,
DM 9,80, S 79,–, SFr 9,80

Enzyme
Vitalstoffe für die Gesundheit
(0677) Von G. Leibold, 96 S., kart.,
DM 9,80, S 79,–, SFr 9,80

FALKEN
Der Spezialist für nützliche Bücher.

Falls durch besondere Umstände Preisänderungen notwendig werden, erfolgt Auftragserledigung zu dem bei der Lieferung gültigen Preis.